高职高专经济管理类专业系列教材

个人理财实务

主　编　易志恒　杨　文　邱　园

副主编　李佳楠　平先秉　刘元发

　　　　孙安黎　陈　璐　张　厚

参　编　卢　瑜　吴夕晖　谭早华

　　　　曾　婷

西安电子科技大学出版社

内 容 简 介

本书在介绍客户信息收集、整理和分析的基础上，结合我国个人理财市场发展状况，甄选了人们最为关心的现金规划、金融投资规划、家庭保障规划、家庭住房规划、子女教育规划、税收筹划和养老规划等知识作为理财模块，设计了专项理财项目，并根据理财业务流程，对每个项目做重点实务介绍；书中还结合具体实例，设计并撰写了家庭理财规划报告。

为便于学习和掌握，本书突出了实务操作环节，在每个模块之前都进行了知识目标、技能目标、素质目标的提炼，在实务操作中注重相关知识点的补充，并结合具体案例，对实务操作进行分析讲解，做到了教学做一体化。另外，本书在每个模块后都提供了相应的练习来巩固所学知识。

本书可作为高等职业院校、高等专科学校理财类课程的教材，也可供一般读者学习借鉴。

图书在版编目(CIP)数据

个人理财实务 / 易志恒，杨文，邱园主编. —西安：西安电子科技大学出版社，2021.12
ISBN 978-7-5606-6320-3

Ⅰ. ①个… Ⅱ. ①易… ②杨… ③邱… Ⅲ. ①私人投资 Ⅳ. ①F830.59

中国版本图书馆 CIP 数据核字(2021)第 246813 号

策划编辑　杨丕勇
责任编辑　何雪梅　杨丕勇
出版发行　西安电子科技大学出版社(西安市太白南路 2 号)
电　　话　(029)88202421　88201467　　　邮　　编　710071
网　　址　www.xduph.com　　　　　　　电子邮箱　xdupfxb001@163.com
经　　销　新华书店
印刷单位　陕西天意印务有限责任公司
版　　次　2021 年 12 月第 1 版　2021 年 12 月第 1 次印刷
开　　本　787 毫米×1092 毫米　1/16　印 张　11
字　　数　259 千字
印　　数　1~3000 册
定　　价　30.00 元
ISBN 978 - 7 - 5606 - 6320 - 3 / F

XDUP 6622001-1
如有印装问题可调换

前　言

伴随着国民经济的高速增长，居民可支配收入不断增加，金融机构理财产品也如雨后春笋般不断涌现，我国个人理财市场得到了很大的发展，也有着广阔的发展前景。但与此对应的是，我国个人理财市场面临着个人理财意识不够强、理财产品高度同质、专业化服务水平不够高的窘境，这也制约着个人理财市场的发展。

为顺应时代发展，基于推动长沙民政职业技术学院"湖南省高等职业教育一流特色专业群——现代商务服务"整体建设与教学改革的需要，我院金融管理教学团队根据省级一流特色专业群——现代商务服务建设的整体思路与规划，联合深圳市陆捌投资管理有限公司和湖北峻熙资产管理有限公司，结合我国理财规划师行业标准，梳理出金融管理类工作岗位群应具备的理财知识和技能，深入开展调研，组织编写了这本校企合作教材。

本书共包含九个模块，每个模块含教学目的、教学内容、综合练习三个部分。教学内容根据理财业务流程，采用任务驱动模式设置，配合教学目的，能有效引导教师顺利开展课堂教学；每个模块末的综合练习可起到承上启下的作用，保证整个学习的连贯性。根据不同的教学条件，教师可以选择先讲后练、先练后讲或者边讲边练等多种灵活的方式组织教学。除此之外，本书与传统的高职高专个人理财类教材相比，具有以下特色：

(1) 典型性：本书涉及的理财项目都源于个人的真实理财需求，并且体现出绝大部分个人的理财意愿表达；涉及的理财案例均来自人们的真实生活案例，并代表一定的消费群体类型。

(2) 实操性：本书的每一个理财实训项目都是根据理财业务流程，按照项目驱动方式设计具体任务，一步一步完成相应的理财规划的。

(3) 发展性：本书内容的选取充分考虑学生未来职业发展的能力需求，强调理论与实践并重，符合学生职业可持续发展与终身学习的需要。

(4) 应用广：本书既可以作为高职高专现代商务服务专业群所属专业的专业课程教材，也可以作为金融类企业职业岗位培训教材，应用范围广。

(5) 课证结合：本书根据理财规划师行业标准，将课程内容与理财类职业资格证书考试有机结合。

本书由长沙民政职业技术学院易志恒、黔南民族职业技术学院杨文、湖南高尔夫旅游职业学院邱园担任主编，湖南民族职业学院李佳楠、长沙民政职业技术学院平先秉、长沙民政职业技术学院刘元发、长沙民政职业技术学院孙安黎、湖南有色金属职业技术学院陈璐、湖南交通工程学院张厚担任副主编。易志恒负责教材整体开发思路与整体构架的确立，拟订编写大纲，组织、协调编写工作，并撰写模块五、模块九；其他模块具体写作分工如下：吴夕晖(长沙民政职业技术学院)编写模块一；平先秉、李佳楠编写模块二；刘元发、陈璐编写模块三；卢瑜(长沙民政职业技术学院)、张厚编写模块四；孙安黎编写模块六；杨文、邱园编写模块七；谭早华(深圳市陆捌投资管理有限公司总经理)和曾婷(湖北峻熙资产管理有限公司营运总监)编写模块八。

在本书的编写过程中，得到了长沙民政职业技术学院财经管理学院佘浩院长、张苏辉副院长以及深圳市陆捌投资管理有限公司、湖北峻熙资产管理有限公司、杭州信持力资产管理有限公司的大力支持与鼓励，在此表示衷心的感谢！在编写的过程中，我们参考了大量的文献资料，利用了相关的网络资料，引用了一些公司的案例资料，在此对这些文献作者和公司表示诚挚的谢意。

由于我国经济正处于发展与变革之中，理财业务也在不断发展完善，个人理财的理论与操作方法会不断发展变化，并有待于进一步探讨，再加上编者水平有限，教材中难免存在疏漏，敬请批评指正。

编　者

2021 年 6 月

目　　录

模块一

理财客户分析

理财具有个性化的特点，我们需要将合适的理财产品推荐给合适的客户，而客户的信息是我们制定理财方案与推荐理财产品的依据，因此我们需要在了解客户的基础上，严谨分析客户的财务状况，协助客户设定合理的理财目标，为下一步客户理财规划奠定基础。

本模块目标

知识目标

(1) 了解收集客户信息的合适方式与手段；
(2) 理解影响家庭理财规划的相关因素；
(3) 了解客户的理财目标内容。

技能目标

(1) 掌握信息收集的方法；
(2) 能够对客户财务状况进行准确分析；
(3) 能够对客户理财目标进行准确定位；
(4) 综合运用掌握的信息，对客户进行合理的理财规划定位。

素质目标

(1) 注意保护客户的个人信息；
(2) 审慎分析客户基本情况。

项目一　客户信息的收集与整理

　　客户信息的收集与整理是指理财规划师通过与客户进行交流访谈和让客户填写调查问卷等形式来获取客户家庭人口结构、财务状况、理财需求等基本理财信息。它是做好理财方案设计的基础。

任务一：了解收集客户信息的重要性

　　没有准确的财务数据，个人财务规划师无法了解客户的财务状况，也无法与客户共同确定合理的财务目标，当然也就不可能针对每个客户提出切实可行的个人财务规划综合提案。因此，个人财务规划师在进行财务分析和财务规划之前，收集有关信息是一个十分重要的程序。个人财务规划师在为客户提供财务规划服务之前，必须收集到足够的相关定量信息和文件资料。其中，信息的相关性和是否足够可以由个人财务规划师根据客户的类型和具体情况而定。

　　客户信息可以通过不同的方式获得，比如与客户会面、要求客户填写调查表和问卷、收集客户的财务记录和文件等。在收集信息的过程中，个人财务规划师必须使客户了解，只有可靠、完整和准确的信息才能保证财务建议的有效性，如果客户无法提供全面的信息或者提供虚假的资料，将影响个人财务规划设计和建议的质量。如果客户无法提供所需信息中的相当部分或关键性内容，个人财务规划师就应该向客户声明仅在所获得的信息基础上保证财务建议的质量，或者终止提供财务服务，以避免在个人财务规划执行的过程中出现责任纠纷。

任务二：熟悉客户信息的内容

　　个人财务规划师在提供服务的过程中所需要了解的信息繁多，主要包括客户的个人信息和宏观经济信息两大类。

一、客户个人信息

　　客户的个人信息可以分为财务信息和非财务信息。财务信息是指客户当前的收支状况、财务安排及其未来发展趋势等。而非财务信息则是指其他相关的信息，比如客户的社会地位、年龄、投资偏好和风险承受能力等。

　　财务信息是个人财务规划师制订个人财务规划计划的基础和根据，它决定客户的目标和期望是否合理，以及完成个人财务规划计划的可能性。

　　非财务信息则帮助个人财务规划师进一步了解客户，对个人财务规划计划的制订有着直接的影响。如果客户是风险偏好型的投资者，而且有着极强的风险承受能力，个人财务规划师就可以根据其需要帮助他制订激进的投资计划；但如果客户是保守型投资者，要求投资风险为零,那么就应当帮助他制订稳健的投资计划。

大部分的客户个人信息都可以通过数据调查表获得。对于那些连客户本人也难以明确的信息,如财务目标和投资风险承受能力等,个人财务规划师就需要使用其他方式去收集,比如与客户交谈、了解其投资经历,或者使用心理测试问卷,之后再根据客户提供的信息做出判断。

二、宏观经济信息

这里的宏观经济信息指的是客户在寻求个人财务规划服务时与之相关的经济环境数据。个人财务规划师提供的财务建议与客户所处的宏观经济环境有着密切的联系,在不同的时期和地区,经济环境的差别会对个人财务规划师的分析和建议,尤其对个人财务规划计划中资产的分配比例产生很大的影响。

当然,并不是所有的宏观经济信息都对个人财务规划产生影响。一般而言,个人财务规划师需要的信息主要有以下几类:

(1) 宏观经济状况:经济周期、景气循环、物价指数及通货膨胀与就业状况。

(2) 宏观经济政策:国家货币政策、财政政策及其变化趋势。

(3) 金融市场:货币市场及其发展、资本市场及其发展、保险市场及其发展、外汇黄金市场及其发展、金融监管等。

(4) 税收制度:税收有关法律、法规、政策及其变化。

(5) 社会保障制度:国家基本养老金制度及其发展趋势、国家企业年金制度及其发展趋势。

(6) 国家教育、住房、医疗等影响个人与家庭财务安排的制度及其改革方向。

任务三: 收集信息的方法

信息收集方法对于信息收集的准确性非常重要,关系到信息的准确与有用性,所以我们必须掌握信息收集方法。

一、初级信息的收集方法

由于客户的个人和财务信息只能通过与客户沟通获得,所以也称之为初级信息。初级信息是个人财务规划师进行分析和拟订计划的基础。但仅仅通过交谈的方式来收集信息是远远不够的,通常还要采用数据调查表来帮助收集定量信息。

由于数据调查表的内容较为专业,所以可以采用个人财务规划师提问客户回答,然后由个人财务规划师填写的方式来进行。如果由客户自己填写调查表,那么在开始填写之前,个人财务规划师应对有关项目加以解释。这一点十分重要,否则客户提供的信息很可能不符合个人理财规划师的需要。

在收集客户信息的过程中,如果客户出于个人原因不愿意回答某些问题,个人财务规划师就应当谨慎地了解客户产生顾虑的原因,并向客户解释该信息的重要性,以及在缺乏该信息情况下可能造成的误差。

二、次级信息的收集方法

宏观经济信息一般不需要个人财务规划师亲自收集和计算，而是可以由政府部门或金融机构公布的信息中获得，所以我们称之为次级信息。次级信息的获得相对容易，但由于其涉及面很广，需要个人财务规划师在平时的工作中注意收集和积累，有条件的话应当专门建立数据库，以随时调用。由于政府公布的数据有时并不完全适用于个人，所以个人财务规划师在使用时应该进行判断和筛选，这样才能保证个人财务规划计划的客观性和科学性。目前，国内一些研究机构也提供付费的研究成果，有一些十分适合个人财务规划师提供理财服务时使用。个人财务规划师应该注意收集这些研究机构和研究成果的信息。

项目二　客户财务状况分析

家庭财务状况分析是家庭财务管理的核心，是理财规划方案制订的基础。通过家庭资产负债表和收支表，可从静态和动态角度分析客户的财务状况，以指标数值为基础，对客户的偿债能力、收支状况、储蓄结构和投资结构等方面进行分析，从而找出优化客户财务状况的措施，对客户提出客观、合理和科学的理财方案，帮助客户实现理财目标。

任务一：客户财务状况定性分析

一、资产负债表分析

资产负债表反映的是客户总的资产与负债情况，通过对资产负债表的分析，可以全面了解客户的资产负债情况。

1. 资产分析

(1) 对现金类资产的分析。现金类资产包括现金、各种类型的银行存款、货币市场基金等，这与企业会计的资产划分不同。

(2) 对其他金融资产的分析。这类资产投资性高，收益较高，风险也较大。

2. 负债分析

负债分为短期负债、中期负债和长期负债三类，特别需要关注的是短期负债的数量。

对客户负债的测算应本着谨慎性原则进行，对于尚未确定数额的债务，财务规划师要帮助客户进行评估测算，并尽量选取较大的数值填入资产负债表中。坚持负债测算的谨慎性原则有助于全面真实地了解客户的负债情况。

3. 净资产分析

净资产是总资产减去总负债的余额，是客户真正拥有的财富价值。可从以下三个方面分析净资产：

(1) 净资产规模。净资产越大，说明客户家庭拥有的财富越多，如果客户净资产为负数，说明这个家庭财务环境恶化，面临破产。

(2) 扩大净资产规模的方法，如开源节流、提高资产流动性、偿还债务等。

(3) 净资产的结构比率分析。净资产规模大并不意味着资产结构完全合理，需要进一步分析金融投资类资产、现金类资产所占比重。

二、客户收支表分析

客户资产负债情况的变化首先表现在收支的变化上，因此从某种意义上说客户收支表要比资产负债表更加重要。收支变化主要关注以下三个方面：

(1) 分析各种收支项目所占比重，认识各项目对财务状况的影响程度，分析一段时间内收支的整体情况。

(2) 要特别关注异常的、大额的收支项目并分析其原因。

(3) 对客户家庭未来收支做出谨慎性预测。

任务二：客户财务状况定量分析

根据家庭资产负债表和收支表的数据，理财规划师可以计算出相关财务比率，进行定量分析。财务状况决定量分析指标包括财富累积能力、风险抵御能力和综合偿债能力。

一、财富累积能力指标

1. 结余比率

结余比率是家庭一定时期内(一般为 1 年)结余和税后收入的比值，它主要反映客户提高其净资产水平的能力。结余一般被用于投资或储蓄，均可增加客户的净资产规模。税后收入才是客户真正可支配的收入。结余比率计算公式如下：

$$结余比率 = \frac{结余}{税后收入} \times 100\%$$

该指标数值越大，说明客户财务状况越好，可用于投资和获得现金流的机遇越大。其参考数值为 30%～50%。同理，可以计算月结余比率，公式如下：

$$月结余比率 = \frac{月税后收入 - 月支出}{月税后收入} \times 100\%$$

例 1.1 某客户上年共取得税后收入 135 000 元，年终结余 45 000 元，则其结余比率为

$$\frac{45\ 000}{135\ 000} \times 100\% \approx 33\%$$

说明该客户税后收入中的 33% 被结余出来，可以用于储蓄或投资。

2. 投资与净资产比率

投资与净资产比率反映客户通过投资提高净资产规模的能力。其计算公式如下：

$$投资与净资产比率 = \frac{投资资产}{净资产} \times 100\%$$

其中,"投资资产"包括资产负债表中"其他金融资产"的全部项目和"实物资产"中的房地产方面的投资及客户以投资为目的储存的黄金和其他收藏品。

一般家庭的该比率参考数值为 50%~70%,这样既可保持合适的增长率,又不至于面临过多的风险。如果是刚参加工作的年轻人,由于收入不太高,该比率在 20% 左右一般是正常的。

例 1.2 某客户的投资资产数额为 500 000 元,其净资产为 1 000 000 元,则其投资与净资产比率为

$$\frac{500\ 000}{1\ 000\ 000} \times 100\% = 50\%$$

表明该客户的净资产中有一半由投资组成,且投资比率适宜。

二、风险抵御能力指标

风险抵御能力即客户短期支付能力,一般用流动性比率来表示,它是流动性资产与每月支出的比值。其计算公式如下:

$$流动性比率 = \frac{流动资产}{每月支出}$$

其中,"流动资产"通常为资产负债表中的"现金及现金等价物"项目。流动性比率的参考数值为 3~6。对于工作稳定、收入有保障的个人来说,资产的流动性并非首选,可以使流动性比率保持较低值,在 3 倍左右,以便将更多的流动性资产用于扩大投资,获取更高收益;对于工作不稳定、收入无保障的客户,流动性比率应保持较高水平,应保持在 6 倍左右。

三、综合偿债能力指标

1. 清偿比率

清偿比率是客户净资产与总资产的比值,这一比率反映客户综合偿债能力的高低。其计算公式如下:

$$清偿比率 = \frac{净资产}{总资产} \times 100\%$$

一般来说,客户的清偿比率应高于 50%,保持在 60%~70% 较为合适。此比率过高,说明没有合理利用财务杠杆提高资产规模;过低,则可能面临偿债风险。

例 1.3 某客户的净资产为 650 000 元,总资产为 1 000 000 元,其清偿比率为

$$\frac{650\ 000}{1\ 000\ 000} \times 100\% = 65\%$$

表明该客户有足够的能力通过变现资产清偿债务。

2. 资产负债率

资产负债率是客户总负债与总资产的比值,用来衡量客户的综合偿债能力。其计算公式如下:

$$资产负债率 = \frac{负债总额}{资产总额} \times 100\%$$

资产负债率的参考值应在 50% 以下，但不应太低，否则不利于发挥财务杠杆作用。采用例 1.3 中的数据，则有

$$资产负债率 = \frac{1\,000\,000 - 650\,000}{1\,000\,000} \times 100\% = 35\%$$

3. 负债收入比率

这一比率也叫债务偿还收入比率，是当期需要支付的债务本息和与当期税后收入的比值，是反映客户一定时期财务状况良好程度的指标。其计算公式如下：

$$负债收入比率 = \frac{当期债务偿付本息和}{当期税后收入} \times 100\%$$

一般认为，负债收入比率在 30%～40% 较为合适，过高容易发生财务危机，过低则没有充分利用财务杠杆。

4. 即付比率

即付比率是流动资产与负债总额的比值，它反映的是个人利用可随时变现资产偿还债务的能力。其计算公式如下：

$$即付比率 = \frac{流动资产}{负债总额} \times 100\%$$

其中，流动资产是指资产负债表中"现金及现金等价物"项目。即付比率应保持在 60%～70% 左右。

案例 1.1

客户家庭财务分析

张先生为某外企高层管理人员，税后年工资收入约 30 万元，今年 40 岁；妻子为国企职员，税后月工资收入约 6000 元，年终奖 5 万元，今年 36 岁；儿子张笑 8 岁。2001 年夫妻俩购买了一套总价为 90 万元的房产，该房产还剩下 10 万元左右的贷款未还，因当初买房采用的是等额本息还款法，张先生没有提前还贷的打算。夫妻俩在股市的投资约 70 万元(现值)；银行定期存款 25 万元左右；另外，张先生有一处 50 平方米的出租住房，每月租金收入 1880 元，该房产的市场价值为 60 万元。每月补贴双方父母各 2000 元(双方父母具有养老和医疗保障)。房屋月供 2000 元，家庭日常开销每月在 4000 元左右，孩子教育费用每月平均 1000 元左右。每年外出旅游的花费在 12 000 元左右。夫妻俩对保险不了解，分别买了一份人身意外伤害综合险(吉祥卡)，给孩子买了一份两全分红型保险，保险理财产品目前现金价值 8280 元。张太太有在未来 5 年购买第三套住房的家庭计划(总价预计 80 万元)。此外，夫妻俩有购车想法，目前看好的车总价约在 30 万元左右。夫妻俩想在 10 年后(2020 年)送孩子出国念书，综合考虑各种因素，预计各种支出每年需要 10 万元，共 6 年(本科加硕士)。

请为张先生编制家庭资产负债表和收支表，进行财务分析。

解 (1) 张先生家庭资产负债表如表 1-1 所示。

表 1-1 张先生家庭资产负债表

时间：2010-12-31						单位：元
资产		金额	资产	金额	资产	金额
金融资产	现金及现金等价物	现金		活期存款		定期存款	250 000
		其他存款		货币市场基金			
	其他金融资产	债券		股票	700 000	基金	
		权证		期货		外汇实盘投资	
		保险理财	8280	证券理财		人民币理财	
		信托理财		其他			
实物资产		自住房	900 000	投资房	600 000	机动车	
		家具家电		珠宝收藏品		其他个人资产	
						资产合计	2 458 280
负债		金额	负债	金额	负债	金额
信用卡透支			创业贷款		汽车贷款	
住房贷款		100 000	消费贷款		其他负债	
					负债合计	100 000
净资产		2 358 280				

(2) 家庭现金流量表如表 1-2 所示。

表 1-2 家庭现金流量表

日期：2010-01-01 至 2010-12-31				单位：元
项目	种类	金额	种类	金额
收入	工资薪金	372 000	自雇收入	
	奖金和佣金	50 000	养老金和年金	
	其他收入	22 560		
			收入合计	444 560
支出	日常生活支出	48 000	房屋支出	24 000
	汽车支出		商业保险费用	
	医疗费用		其他支出	48 000
			支出合计	120 000
结余		324 560		

(3) 张先生家庭财务比率分析。

① 清偿比率为

$$清偿比率 = \frac{净资产}{总资产} \times 100\% = \frac{2\,358\,280}{2\,458\,280} \times 100\% = 96\%$$

该值表明该客户有非常强的偿债能力。

② 即付比率为

$$即付比率 = \frac{流动资产}{负债总额} \times 100\% = \frac{250\,000}{100\,000} = 2.5$$

该值远高于 0.7 的标准值，该客户利用可随时变现资产偿还债务的能力很强。

③ 负债收入比率为

$$负债收入比率 = \frac{负债}{税后收入} \times 100\% = \frac{24\,000}{444\,560} = 0.054$$

$$(房屋月供 2000 \times 12 = 24\,000 元)$$

该值远低于 0.4 的临界点，故该客户家庭财务安全，还贷压力较小。

④ 流动性比率为

$$流动性比率 = \frac{流动性资产}{每月支出} = \frac{250\,000}{10\,000} = 25$$

$$(每月支出 = \frac{48\,000 + 24\,000 + 48\,000}{12} = \frac{120\,000}{12} = 10\,000 元)$$

该指标参考值为 3~6，该客户流动性比率远超标准值，其流动性资产配置较多，资产收益较差。

⑤ 结余比率为

$$结余比率 = \frac{结余}{税后收入} \times 100\% = \frac{324\,560}{444\,560} \times 100\% = 73\%$$

该客户在满足当年支出以外，还可将 73% 的收入用于增加储蓄或者投资，家庭净资产未来增长潜力较大。

⑥ 投资与净资产比率为

$$投资与净资产比率 = \frac{投资资产}{净资产} \times 100\% = \frac{1\,308\,280}{2\,358\,280} \times 100\% = 55\%$$

(投资资产包括股票、债券、基金等金融性资产与房地产，700\,000 + 600\,000 + 8280 = 1\,308\,280 元。)

该指标参考值为 50%~70%，现在为 55%，比较合适。

通过分析，该家庭财务状况良好，总负债率较低，家庭储蓄能力强，未来家庭净资产增长潜力较大；投资性资产持有比例适度，但资产配置比较单一，风险较集中；流动性资产持有过多，使资产收益率下降；负债过低，没有充分利用财务杠杆去扩大家庭资产的规模。因此合理配置资产，做好各种规划将是张先生家庭理财的重点。

项目三　客户理财目标分析

任务一：理财的含义与基本步骤

一、理财的含义

"理财"一词最早见于20世纪90年代初期的报端。随着我国股票、债券市场的扩容，商业银行、零售业务的日趋丰富和市民总体收入的逐年上升，"理财"概念逐渐成为热点。个人理财品种大致可以分为个人资产品种和个人负债品种两类。共同基金、股票、债券、存款和人寿保险等属于个人资产品种；而个人住房抵押贷款、个人消费信贷则属于个人负债品种。

二、什么是理财

一般人谈到理财想到的不是投资就是赚钱，实际上理财的范围很广，理财是理一生的财，也就是个人一生的现金流量与风险管理。它包含以下含义：

(1) 理财是理一生的财，不只是解决燃眉之急的金钱问题。

(2) 理财是现金流量管理，每一个人一出生就需要用钱(现金流出)，也需要赚钱来产生现金流入。因此不管现在是否有钱，每一个人都需要理财。

(3) 理财也涵盖了风险管理。因为未来的更多流量具有不确定性，包括人身风险、财产风险与市场风险都会影响到现金流入(收入中断风险)或现金流出(费用递增风险)。

三、理财规划的步骤和核心

理财规划分以下四步：

第一步，回顾自己的资产状况，包括存量资产和未来收入的预期。知道有多少财可以理，这是最基本的前提。

第二步，设定理财目标。需要从具体的时间、金额和对目标的描述等来定性和定量地设定理财目标。

第三步，弄清风险偏好是何种类型。不要做不考虑任何客观情况的风险偏好的假设，比如说很多客户把钱全部都放在股市里，没有考虑到父母、子女，没有考虑到家庭责任，这个时候的风险偏好就偏离了他能够承受的范围。

第四步，进行战略性的资产分配。对所有的资产做资产分配，然后是投资品种、投资时机的选择。

理财规划的核心就是资产和负债相匹配的过程。资产就是以前的存量资产和收入的能力(即未来的资产)的综合。负债首先是家庭责任，即要赡养父母、要抚养小孩供他上学等，然后是目标，目标也变成了我们的负债。要想拥有高品质的生活，就要让你的资产和负债进行动态的匹配，这就是个人理财最核心的理念。

任务二：理财目标的建立

个人理财指在了解个人的财务、生活状况以及风险偏好的基础上，明确个人特定的理财目标，并在此基础上进行理财规划。这里所说的个人理财目标是指建立一个财务安全健康的生活体系，实现人生各阶段的目标和理想，最终实现财务的自由。它的任务是在你的"出发地"(即现状)与"目的地"(即未来的理想和目标)之间选择一条到达"目的地"的最佳方式，为自己及家人建立一个安心富足健康的生活体系，实现人生各阶段的目标和理想，最终达到财务自由的境界。设定一个好的目标，理财就成功了一半。理财规划的目标主要包含以下三个层面的内容：

首先是安排好当前的生活，将目前的资产和产生的现金流做合理的安排和配置，使家庭获得适当的保障，从而使自己和家人能够有一个安心健康的生活方式。其次是为未来的人生目标和理想在财务上做好安排，未雨绸缪。比如孩子未来的大学教育费用、自己的养老问题等都需要尽早做好安排。最后是通过理财规划最终建立一个终生的现金流渠道，足以保障自己和家人过上无忧无虑的生活，不用再为金钱而工作，这就是所谓的财务自由的境界。

- -

案例 1.2

王女士的家庭是一个典型的三口工薪之家，收入稳定，家庭幸福，虽然房贷还没有还清，但他们已经在考虑购车、教育、养老等问题了。为王女士家庭推荐财务规划方案采用的是分阶段实现理财目标法，也称目标顺序法——根据目标实现的先后顺序，在不同时间段做准备，即用两年的时间实现购车目标，4 年的时间完成教育金储备，接下去的任务是积累养老金。

- -

理财目标的合适与否可以从明确性、目标履行期限、优先级别和内部一致性四个方面进行分析检验。

(1) 明确性。

理财目标范围通常是从大到小，可以非常概括，也可以非常明确。例如"财政独立"或"建立财政上的安全感"是来自个人的价值观和信仰的概括性目标，很难以货币去量化，因此需要从这些概括性目标转移到更明确的目标，如"购买寿险""为养老储蓄 100 万"等，以达到目的。理财目标甚至可以明确地体现在月预算或年预算中。这些明确的目标涉及娱乐、食品、保险、住房、服装、交通等各项花费和储蓄。

(2) 目标履行期限。

理财目标可以根据履行期限来分类，根据期限的长短可分为短期目标、中期目标和长期目标。有一些目标是非常短期的或几乎是即期的，例如用足够的钱支付日常的基本开支或给家庭提供一定水平的保险保障。而另一些短期目标是期望在一年内达到的，例如计划在六个月内买一套音响组合或在一年内支付所有的信用卡债务。长期目标是指履行期限在十年期以上的目标，例如计划送孩子到海外读书、购买理想的房子、为养老进行储蓄等，这些目标通常需要大量的财富资源。当然，也有需要在几年内达到的中期目标，例如为旅行准备一定数量的钱或支付未还清的汽车贷款等。

（3）优先级别。

给目标设置优先级别是必须的。因为个人可能无法达成最初设定的所有目标，随着时间的推移，在一些目标显示出不能达到的迹象时，就应该根据优先级别立刻调整它们。例如做出抉择，是要送孩子去国外读书，还是要提早十年退休。

（4）内部一致性。

各个分项目标之间不是独立存在而是互相关联的。如果有许多"奢侈"的短期目标，那么退休后达到某种生活水准的长期目标就可能达不到；为了梦想的房子而储蓄首付款，这样的一个中期计划会对每月的现金流加以限制。因此必须综合考虑个人分目标的要求，然后合理进行财务安排。

任务三：理财的目的和主要内容

理财就是指将资金做出最明智的安排和运用，使金钱产生最高的效率和效用，每个人需要明确自己的理财目的，根据自己的理财目的，明确理财的主要内容。

一、理财的目的

（1）获得资产增值。

资产增值是每个投资者共同的目标，理财就是合理分配资产并努力使财富不断累积的过程。

（2）保证资金安全。

资金的安全包括两个方面的含义：一是保证资金数额完整；二是保证资金价值不减少，即保证资金不会因亏损和贬值遭受损失。

（3）防御意外事故。

一旦风险到来，将损失尽可能地降低。

（4）保证老有所养。

随着老龄化社会的到来，现代家庭呈现出倒金字塔结构。应及早制订适宜的理财计划，保证自己晚年生活独立、富足。

（5）给子女提供教育基金。

随着教育体制的改革和发展，教育费用逐年递增。应尽早建立教育基金，帮助子女顺利成才，这是父母义不容辞的责任。

二、理财的主要内容

个人理财是一个系统工程，它是针对人一生而不是某个阶段的财务规划，因此，为了达到个人理财目标而进行的理财内容涵盖面非常广，具体可以概括为以下几个方面：金融投资策划、居住规划、教育投资策划、个人风险管理和保险规划、个人税务筹划等。

(1) 金融投资策划。

金融投资一般均需要构建投资组合，以达到风险和收益的完美结合，而投资组合的构建依赖不同的投资工具。这些投资工具根据期限长短、风险收益的特征与功能不同，大致可以分为货币市场工具、固定收益的资本市场工具、权益证券工具和金融衍生工具。对于个人来说，单一品种的投资产品很难满足其对资产流动性、回报率以及风险等方面的特定要求，而且往往也不具备从事证券投资的专业知识和信息优势。因此，金融投资策划要求在充分了解客户风险偏好与投资回报需求的基础上，通过合理的资产分配，使投资组合既能够满足客户资金的流动性要求与风险承受能力，同时又能够获得丰厚的回报。

(2) 居住规划。

个人(家庭)选择住宅的目的主要有三个：自己居住、对外出租获取租金收益和投机获得资本利得。从理论上讲，满足居住需要不一定要通过购置住宅来实现，因此购置住宅必然会混杂一定的投资或其他动机。如国外许多国家税法规定购买房地产的支出可以在一定范围内作为应税所得的合法扣除，因此国外一些家庭购买房地产主要出于合理避税的考虑。显然，不同的购买动机需要进行不同的居住规划。

针对自用住宅的规划，主要包括租房、购房、换房和房贷规划几大方面，规划是否合理会直接影响个人(家庭)的资产负债与现金流量状况。首先要决策的是以租房还是购房来满足居住需求，如果决定要购房，则需要综合考虑家庭的未来收入水平、工作的稳定性以及计划购房的时点、面积和区位，以选择合适的住房。

(3) 教育投资策划。

教育投资是一种人力资源投资，它不仅可以提高人的文化水平和生活品位，更重要的是可以使受教育者在未来的就业中占据竞争优势。当前社会就业市场的竞争日趋激烈，教育的成本呈现出加速增长的趋势，为了有足够的资金进行教育投资，有必要对家庭的教育支出作出及早的财务规划。

教育投资主要可以分为自身的教育投资和子女的教育投资。首先需要对个人的所有教育需求情况进行了解和分析，尤其是子女的高等教育投资部分(这是所有教育投资中花费最高的一项)，以确定当前和未来的教育投资资金需求；其次是根据当前和未来预期的收入状况分析教育投资资金供给和需求之间的差距；最后在分析的基础上通过运用各种投资工具来弥补资金供求缺口。由于教育投资本身的特殊性，它需要更加注重投资的安全性，因此要侧重于选择风险较低的保值工具。

(4) 个人风险管理和保险策划

人的一生可能会面对一些不期而至的风险，根据风险损害的对象不同，这些风险可分为人身风险、财产风险和责任风险。为了规避、管理这些风险，人们可以通过购买保险来满足自身的安全需要。除了专业保险公司提供的商业保险之外，由政府的社会保障部门提供的包括社会养老保险、社会医疗保险、社会失业保险在内的社会保险以及雇主提供的雇员团体保险都是家庭管理非投资风险的工具。随着保险市场的竞争加剧，保险产品除了具有基本的转移风险、减少损失的功能之外，还具有一部分投资、融资作用。在进行保险规划时，需要遵循固定的流程：首先确定保险标的；其次选定具体的保险产品，并根据个人(家庭)的实际情况合理搭配不同的品种；然后根据保险财产的实际价值和人身的评估价值确定保险金额；最后确定保险期限。

(5) 个人税务筹划。

依法纳税是每一个公民的义务，而纳税人出于自身利益考虑，往往希望自己的赋税能合理地减小到最少。因此，如何在合法的前提下尽量减少税负就成为每一个纳税人十分关注的问题。个人税务筹划是指在纳税行为发生之前，在不违法的前提下，通过对纳税主体的经营活动或投资活动等涉税事项进行事先安排，以达到少缴税或递延纳税的目标的一系列筹划活动。

综 合 练 习

1. 截至 2019 年 9 月 30 日，张先生家庭资产和负债情况如下：现金 2850 元，各类银行存款 27 350 元，股票(市值)38 000 元，自住房产 420 000 元，其他实物资产 62 400 元，住房贷款 100 000 元，未付网络费、电话费、电费、水费等 2700 元，汽车贷款 62 000，教育贷款 35 000 元。请编制其家庭资产负债表。

2. 利用所学的本模块内容做一份家庭财务信息收集表。

模块二

现 金 规 划

在个人财务规划中，现金规划有助于使所拥有的资金既能满足家庭的费用支出，又能满足储蓄的计划。现金规划使得即期的需求可以用手头现金来满足，而未预期的或者将来的需求则可以通过各种类型的储蓄或短期工具来满足。作好现金规划，能帮助个人(家庭)以现有的财富应对未来的财务支出和其他生活目标的实现，不会出现大的财务危机，即依赖现有稳定、充足的收入和充足的现金准备可以维持家庭一段时间的财务支出和其他目标的实现。

本模块目标

知识目标

(1) 熟练掌握货币时间价值计算方法；
(2) 掌握常见现金规划工具；
(3) 掌握影响现金储备的因素；
(4) 掌握个人(家庭)预算制订的流程；
(5) 掌握预算控制常见方法；
(6) 掌握现金规划基本步骤。

技能目标

(1) 能理解货币时间价值的内涵，能熟练计算货币时间价值；
(2) 完成不同现金规划工具的比较，并做出合理规划决策；
(3) 利用不同现金规划工具撰写相应的个人现金规划报告。

素质目标

(1) 培养良好的工作纪律观念，敬业爱岗；
(2) 培养认真做事、细心做事的态度；
(3) 培养良好的语言表达能力及团队协作意识；
(4) 培养正确的理财观念。

项目一　货币时间价值计算

货币时间价值问题存在于我们日常生活中的每一个角落。我们经常会遇到这类问题，比如买房子，是花 30 万元买一幢现房，还是花 27 万元买 1 年以后才能住进去的期房呢？若想买一辆汽车，是花 20 万元现金一次性购买呢，还是每月支付 6000 元、共付 4 年更合算呢？这些问题都告诉我们一个简单的道理：货币是具有时间价值的。

任务一：货币时间价值理解

货币时间价值是指货币经历一定时间的投资和再投资所增加的价值，也称为资金的时间价值。它反映的是由于时间因素的作用而使现在的一笔资金高于将来某个时期的同等数量的资金的差额或者资金随时间推延所具有的增值能力。资金的循环和周转以及因此实现的货币增值，需要或多或少的时间，每完成一次循环，货币就增加一定数额，周转的次数越多，增值额也越大。因此，随着时间的延续，货币总量在循环和周转中不断增加，使得货币具有时间价值。

在理解货币时间价值时，我们要注意两点：第一，货币时间价值是在没有风险和通货膨胀条件下的社会平均资金利润率，如果社会上存在风险和通货膨胀，我们还需将它们考虑进去；第二，因不同时点单位货币的价值不等，所以不同时点的货币收支需换算到相同的时点上，才能进行比较和有关计算。

任务二：货币时间价值根源探究

为什么同样多的货币在不同的时点换到同一种货物的数量不一样呢？其根源就是货币的时间价值。

一、货币时间价值是资源稀缺性的体现

经济和社会的发展要消耗社会资源，现有的社会资源构成现存社会财富，利用这些社会资源创造出来的将来的物质和文化产品构成了将来的社会财富，由于社会资源具有稀缺性特征，又能够带来更多社会产品，所以现在物品的效用要高于未来物品的效用。在货币经济条件下，货币是商品的价值体现，现在的货币用于支配现在的商品，将来的货币用于支配将来的商品，所以现在货币的价值自然高于未来货币的价值。市场利息率是对平均经济增长和社会资源稀缺性的反映，也是衡量货币时间价值的标准。

二、货币时间价值是信用货币制度下流通中货币的固有特征

在目前的信用货币制度下，流通中的货币是由中央银行基础货币和商业银行体系派生存款共同构成的，由于信用货币有增加的趋势，所以货币贬值、通货膨胀成为一种普遍现

象，现有货币也总是在价值上高于未来货币。市场利息率是可贷资金状况和通货膨胀水平的反映，反映了货币价值随时间的推移而不断降低的程度。

三、货币时间价值是人们认知心理的反映

由于人在认识上的局限性，人们总是对现存事物的感知能力较强，而对未来事物的认识较模糊，于是人们存在一种普遍的心理就是比较重视现在而忽视未来。现在的货币能够支配现在的商品，满足人们的现实需要，而将来的货币只能支配将来的商品，满足人们将来的不确定需要，所以现在的单位货币价值要高于未来的单位货币价值，为使人们放弃现在的货币及其价值，必须付出一定代价，利息率便是这一代价。

任务三：货币时间价值计算

货币时间价值如何来衡量呢？一般来说，有单利计息衡量和复利计息衡量两种方法。

一、单利计算

单利是指本金在贷款期限中获得利息，不管时间多长，所生利息均不加入本金重复计算利息。

单利利息计算公式为

$$I = P \times i \times t$$

终值计算公式为

$$S = P + P \times i \times t$$

现值计算公式为

$$P = S - I$$

其中：

P——本金，又称期初额或现值；

i——利率，通常指每年利息与本金之比；

I——利息；

S——本金与利息之和，又称本利和或终值；

t——时间。

例 2.1 某企业有一张带息期票，面额为 1200 元，票面利率为 4%，出票日期为 6 月 15 日，8 月 14 日到期(共 60 天)，则到期时利息为

$$I = 1200 \times 4\% \times \frac{60}{360} = 8 \text{ 元}$$

二、复利计算

复利是指每经过一个计息期，都将所生利息加入本金再计利息，逐期滚算，俗称"利滚利"。

(1) 复利终值的计算公式为

$$S = P(1+t)^n$$

其中，$(1+t)^n$ 被称为复利终值系数或 1 元的复利终值，用符号 $(S/P, i, n)$ 表示。

(2) 复利现值的计算公式为

$$P = S(1+t)^{-n}$$

其中 $(1+t)^{-n}$ 称为复利现值系数或 1 元的复利现值，用 $(P/S, i, n)$ 表示。

(3) 复利利息的计算公式为

$$I = S - P$$

(4) 名义利率与实际利率。复利的计息期不一定总是一年，有可能是季度、月、日。当利息在一年内要复利几次时，给出的年利率叫做名义利率。

例 2.2　本金 1000 元，投资 5 年，利率 8%，每年复利一次，其本利和与复利利息分别为

$$S = 1000 \times (1 + 8\%)^5 = 1000 \times 1.469 = 1469 \text{ 元}$$

$$I = 1469 - 1000 = 469 \text{ 元}$$

如果每季复利一次，则

$$\text{每季度利率} = \frac{8\%}{4} = 2\%$$

$$\text{复利次数} = 5 \times 4 = 20$$

其本利和与复利利息分别为

$$S = 1000 \times (1 + 2\%)^{20} = 1000 \times 1.486 = 1486 \text{ 元}$$

$$I = 1486 - 1000 = 486 \text{ 元}$$

此例说明，当一年内复利几次时，实际得到的利息要比按名义利率计算的利息高。

在上例中实际利率 $i = 8.246\%$，比名义利率 8% 要高，其计算过程如下：

因为

$$S = P \times (1 + i)^n$$

即

$$1486 = 1000 \times (1 + i)^5$$

所以

$$(1 + i)^5 = 1.486$$

即

$$(S/P, i, n) = 1.486$$

查复利终值系数表可得：

$$(S/P, 8\%, 5) = 1.469$$

$$(S/P, 9\%, 5) = 1.538$$

利用试错法来求实际利率：

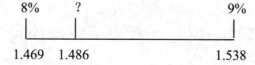

可求得 $i = 8.246\%$。

项目二 现金规划工具

常见现金规划工具包括现金、银行储蓄、货币市场基金以及现金规划融资工具等。其中，银行储蓄包括活期储蓄、定活两便储蓄、整存整取定期、零存整取储蓄、存本取息储蓄、定额定期储蓄等品种；货币市场基金是一种功能类似于银行活期存款，而收益却高于银行存款的低风险投资产品；现金规划融资工具主要包括信用卡融资、银行贷款、保单质押融资、典当融资等。

任务一：现金与现金等价物辨析

一、现金

狭义现金是指流通中的现钞以及随时可以支付的存款，而广义的现金还包括现金等价物。

目前各国对狭义现金的概念界定存在差异，详情如下：

· 库存现金以及随时可以用于支付的存款(中国)；

· 库存现金和活期存款(美国会计准则委员会(IASC))；

· 库存货币、存在银行及其他金融机构的可随时提取的存款，以及具有可随时提取存款特征的其他类型户头(美国)；

· 库存现金以及在任何符合条件的金融机构一经要求就可以支取的存款，扣除一经要求就应偿还的在任何符合条件的金融机构的透支(英国)；

· 现金及按成本与市价孰低法计价的短期有价证券(日本)。

二、现金等价物

目前各国关于现金等价物的规定也存在差异：

· 企业持有的期限短、流动性高、易于转换为已知金额的现金，价值变动很小的短期投资(中国)；

· 随时能转变为已知金额的现金的短期投资，其流动性高，价值变动的风险小(IASC)；

· 符合下列两个条件的流动性强的投资：① 易于转换为已知金额的现金；② 即将到期因而不存在因利率变动而导致价值变动的重大风险(美国)；

· 期限短、流动性高、不必通知即可很容易地转换为已知金额的现金及自取得后 3 个月内到期的短期投资视为现金等价物(英国)。

我国现金等价物概念中的价值风险包括利率风险与信用风险两个方面，这与 IASC 的定义是完全一致的。而美国准则的定义只强调了利率风险，没有提到信用风险。

任务二：银行储蓄策略选择

一、银行储蓄分类

银行储蓄，不仅能够获得本金的保障，还能获得基本的利息收益。它大致可分为以下六种类型。

1. 活期储蓄

该储种适应广大客户临时闲置不用的资金的储蓄。其详情如下：

(1) 一元起存，由储蓄机构发给存折；存折记名，可以预留密码；存折遗失可以挂失。

(2) 开户后凭存折可以随时存取，可在联网的电脑储蓄所通存通兑。

(3) 利息按结息日(6 月 30 日)挂牌的活期储蓄存款利率计付。全部支取存款时，按支取日挂牌活期储蓄存款利率计付利息。

2. 定活两便储蓄

该储种既有定期之利，又有活期之便，安全方便，适合客户短期投资渠道举棋不定时储蓄。其详情如下：

(1) 起存金额一般为五十元。

(2) 存单分记名、不记名两种。

(3) 存期不满三个月的，按天数计付活期利息；存期三个月以上(含三个月)、不满半年的，整个存期按支取日定期整存整取三个月存款利率打六折计息；存期半年以上(含半年)、不满一年的，整个存期按支取日定期整存整取半年期存款利率打六折计息；存期在一年以上(含一年)，无论存期多长，整个存期一律按支取日定期整存整取一年期存款利率打六折计息。上述各档次均不分段计息。

3. 整存整取定期储蓄

该储种是定期储蓄的一种，整存整取指约定存期、整笔存入、到期一次支取本息。其详情如下：

(1) 起存金额一般为五十元。存期分三个月、半年、一年、二年、三年、五年。

(2) 本金一次存入，由银行开具存单。存单记名，可留密码，可挂失。

(3) 利息按存单开户日挂牌公告的相应的定期储蓄存款利率计付，提前支取按支取日挂牌公告的活期储蓄存款利率计付利息。提前支取，须凭存单和存款人的身份证明办理。

(4) 存单可在联网的电脑储蓄所通存通兑。

4. 零存整取定期储蓄

该储种简称零整储蓄，是分次存入，到期一次提取本息的定期储蓄。该储种适合广大客户每月节余款项存储，以达到计划开支的目的。其存款利率高于活期和定活两便储蓄。其详情如下：

(1) 存期分一年、三年、五年三种。每月固定存额，五元起开户，多存不限。

(2) 开户时银行开具存折，存折记名，可留密码，可挂失，可凭本人身份证件办理提前支取。

(3) 每月续存可在同城电脑联网储蓄所办理通存，到期时需在开户所办理支取。

(4) 到期支取以存入日零整储蓄挂牌利率日积数计付利息。提前支取及逾期部分按活期利率计付利息。

5. 存本取息定期储蓄

该储种适合持较大数额现金的储蓄投资者。其详情如下：

(1) 一次存入本金，起存金额一般为 5000 元，多存不限。

(2) 存期分为一年、三年、五年三种。

(3) 存折记名，可留印鉴或密码，可挂失。

(4) 利息凭存折分期支取，可以一个月或几个月取息一次，由储户与储蓄机构协商确定。

如果储户需要提前支取本金，可凭本人身份证件，按定期存款提前支取的规定计算存期内利息，并扣回多支付的利息。

6. 个人通知存款

该储种适合于手上持有现金，一时又无法确定存期的储户，具有集活期之便，得定期之利的特点。其详情如下：

(1) 起存金额为 1000 元，多存不限，千元以上部分须为百元整倍数。

(2) 存期分为一个月、二个月、三个月、四个月、五个月、六个月、七个月、八个月、九个月、十个月、十一个月、一年、二年、三年共十四个档次，存入时不必约定存期，本金一次存入。

(3) 可凭存单一次或部分支取，部分支取时，未取部分按原存入日起息，如取款金额较大，应提前通知储蓄所，以便其做好付款准备。

(4) 利息按实际存期并按同档次利率计付利息，实际存期不满一个月或超过三年部分的，按支取日挂牌公告的活期存款利率计付利息。

(5) 该储蓄为记名式，可以挂失，但不得转让。

二、银行储蓄策略选择

虽然说储蓄是最简单的一种保本理财方式，但并不是所有人都能完全掌握储蓄的多种形式，以有效避免存款利息上不必要的损失。

银行储蓄策略选择主要包含以下几种：

(1) 目标储蓄法。如果想购买一件高档商品或操办某项大事，应根据家庭经济收入的实际情况，建立切实可行的储蓄指标并制定攒钱措施，以实现储蓄目标。

(2) 计划储蓄法。每个月领取月薪后，可以留出当月必需的生活费用和开支，将余下的钱按用途区分，选择适当的储蓄品种存入银行。这样可减少许多随意性的支出，使日常经济支出按计划运转。

(3) 节约储蓄法。注意节约，减少不必要的开支，杜绝随意消费和有害消费，用节约下来的钱参加储蓄。

（4）增收储蓄法。在日常生活中，如遇上增薪、获奖、获得稿酬、亲友馈赠和其他临时性收入时，可权当没有这些收入，将这些增收的钱及时存进银行，积累下来也是一笔可观的积蓄。

（5）折旧存储法。为了家用电器等耐用消费品的更新换代，可为这些物品存一笔折旧费。在银行设立一个"定期一本通"存款账户，当家庭需添置价值较高的耐用品时，可以根据物品的大致使用年限，将费用平摊到每个月。如 2400 元买的电冰箱，使用寿命约为 10 年，可每月提取折旧费 20 元存入这个账户内。这样，当这些物品需要更换时，账户内的折旧基金便能派上用场。

（6）缓买储蓄法。如家庭准备添置一件高档耐用消费品或其他珍贵物品时，由于其并非迫切需要或实用价值不高，可缓一两年再买，先将这笔钱暂时存入银行。待消费高峰期过后，此类商品价格必然会回落，那时就可以较低价格买入。

（7）降档储蓄法。在准备购进一件贵重物品时，可以购买档次稍低一些的商品，把省下来的钱存入银行。

（8）滚动存储法。每月将积余的钱存入一张一年期整存整取定期储蓄存单，存储的数额可根据家庭的经济收入而定，存满一年为一个周期。一年后第一张存单到期，可取出储蓄本息，凑个整数，进行下一轮的周期储蓄。如此循环往复，手头始终是 12 张存单，每月都可有一定数额的资金收益，储蓄数额滚动增加，家庭积蓄也随之丰裕。滚动储蓄可选择一年期的，也可选择三年期或五年期的定期储蓄。这种储蓄方法较为灵活，每月存储额可视家庭经济收入而定，无需固定。一旦急需钱用，只要支取到期或近期所存的储蓄就可以了，可以减少利息损失。

（9）四分存储法。四分存储法又叫"金字塔"法。如果你持有 1 万元，可以分别存成 4 张定期存单，存单的金额呈金字塔状，以适应急需时不同的数额。如可以将 1 万元分别存成 1000 元、2000 元、3000 元、4000 元 4 张 1 年期定期存单。这样可以在急需用钱时，根据实际需用金额支取相应额度的存款，可避免需取小数额却不得不动用大存单的弊端，以减少不必要的利息损失。

（10）阶梯存储法。假如你持有 3 万元，可分别用 1 万元开设 1 至 3 年期的定期储蓄存单各 1 份。1 年后，你可用到期的 1 万元再开设 1 张 3 年期的存单，依此类推，3 年后你持有的存单则全部为 3 年期的，只是到期的年限不同，依次相差 1 年。这种储蓄方式可使年度储蓄到期额保持等量平衡，既能应对储蓄利率的调整，又可获取 3 年期存款的较高利息。这是一种中长期投资，适宜于工薪家庭为子女积累教育基金与婚嫁资金等。

任务三：通晓货币市场基金理财规定

一、什么是货币市场基金

货币市场基金是一种功能类似于银行活期存款，而收益却高于银行存款的低风险投资产品。它为个人及企业提供了一种能够替代银行中短期存款，相对安全、收益稳定的投资方式；而且既可以在提供本金安全性的基础上，为投资者带来一定的收益，又具有很好的流动性。

二、货币市场基金优点

(1) 就流动性而言，货币市场基金的流动性很好，投资者可以随时根据需要转让基金单位。

(2) 就安全性而言，由于货币市场基金投资于短期债券、国债回购及同业存款等，投资品种的特性基本决定了其本金风险接近于零。

(3) 就收益率而言，货币市场基金的收益率远高于 7 天通知存款。货币基金没有认购费、申购费和赎回费，只有年费，总成本较低，而且收入免征利息税。

三、货币市场基金投资领域相关规定

根据 2015 年 12 月 17 日中国证监会、中国人民银行制定的《货币市场基金监督管理办法》，货币市场基金是指仅投资于货币市场工具的基金。具体来讲，货币市场基金应当投资于以下金融工具：

① 现金；

② 一年以内(含一年)的银行定期存款、大额存单；

③ 剩余期限在 397 天以内(含 397 天)的债券；

④ 期限在一年以内(含一年)的债券回购；

⑤ 期限在一年以内(含一年)的中央银行票据；

⑥ 中国证监会、中国人民银行认可的其他具有良好流动性的货币市场工具。

货币市场基金不得投资于以下金融工具：

① 股票；

② 可转换债券、可交换债券；

③ 以定期存款利率为基准利率的浮动利率债券，已进入最后一个调整期的除外；

④ 信用等级在 AAA 级以下的企业债券；

⑤ 中国证监会、中国人民银行禁止投资的其他金融工具。

任务四：现金规划融资工具辨析

一、信用卡理财

1. 什么是信用卡

信用卡是银行或其他财务机构签发给那些资信状况良好的人士，用于在指定的商家购物和消费，或在指定银行机构存取现金的特制卡片，是一种特殊的信用凭证。

随着信用卡业务的发展，信用卡的种类不断增多，概括起来，一般有广义信用卡和狭义信用卡之分。

从广义上说，凡是能够为持卡人提供信用证明、消费信贷或持卡人可凭卡购物、消费或享受特定服务的特制卡片均可称为信用卡。广义上的信用卡包括贷记卡、准贷记卡、借记卡等。

从狭义上说，信用卡主要是指由金融机构或商业机构发行的贷记卡，即无需预先存款就可贷款消费的信用卡。狭义的信用卡实质是一种消费贷款，它提供一个有明确信用额度的循环信贷账户，借款人可以支取部分或全部额度。偿还借款时也可以全额还款或部分还款，一旦已经使用余额得到偿还，则该信用额度又重新恢复使用。

信用卡在扮演支付工具的同时，也发挥了最基本的账务记录功能。再加上预借现金、循环信用等功能，使得信用卡超越了支付工具的单纯角色，具备了理财功能。

2. 如何使用信用卡

1) 使用流程

(1) 持卡人用卡购物或消费并在购物单上签字；

(2) 商家向持卡人提供商品或者服务；

(3) 商家向发卡人提交购签单；

(4) 发卡人向商家付款；

(5) 发卡人向持卡人发出付款通知；

(6) 持卡人向发卡人归还贷款。

2) 信用卡使用要点

(1) 免息透支和还款额度。

① 在规定还款日之前全额还款可免息透支；

② 高于最低还款额的，征收利息；

③ 未偿还最低还款额的，除了罚息，按最低还款额未还部分 5% 收取滞纳金；

④ 对于超信用额度用卡的行为，按照超过信用额度部分的 5% 收取超限费。

案例 2.1

关于免息透支

张先生申请了某银行信用卡，按规定，每月 1 日为账单日，25 日为还款日，则该银行就为客户提供了最长为 56 天的免息优惠。

如张先生在 1 月 1 号消费 1000 元，那么到 2 月 25 号才需要偿还这部分透支额，相当于一笔无息贷款。

---

(2) 免息分期付款。

免息分期付款指信用卡持有人在一次性进行大额消费的时候，对于将该笔消费金额平均分解成若干期数(月份)来进行偿还，而且不用支付任何额外的利息，手续同普通刷卡消费一样简便快捷。分期付款的价格会高于市场一次性付款的价格。

(3) 高透支额度调高临时额度。

高透支额度调高临时额度指当持卡人因出国旅游、装修新居、结婚、子女留学等情况在一定时间内的消费超出信用额度，需要使用较高信用额度时，可以提前进行电话申请，调高临时信用额度。一般 30 天内有效，到期后信用额度自动恢复为原来的额度。

调高临时信用额度后，实际使用超过原信用额度的超额部分，将加入到下期对账单的最低还款额中。超额使用部分不加收任何费用，但不能享有循环信用的便利，必须在到期还款日前一次还清。

(4) 预借现金(取现)。

预借现金(取现)指银行为持卡人提供的小额现金借款，可在自动柜员机 24 小时自由取现。预借现金时，必须承担每笔预借现金金额 3%的手续费，最低收费额为每笔 30 元或 3 美元。预借现金不享受免息还款期待遇，自银行记账日起按日利率万分之五计收利息至清偿日止，记账日为预借现金交易发生日，按月计收复利。

(5) 循环信用。

循环信用是一种按日计息的小额、无担保贷款。当持卡人偿还的金额等于或高于当期账单的最低还款额，但低于本期应还金额时，剩余的延后还款的金额就是循环信用余额。如果选择了循环信用，那么在当期就不能享受免息还款期的优惠。

二、银行贷款

1. 凭证式国债质押贷款

目前凭证式国债质押贷款额度起点一般为 5000 元，每笔贷款不超过质押品面额的90%。凭证式国债质押贷款的贷款期限原则上不超过 1 年，并且贷款期限不得超过质押国债的到期日；若用不同期限的多张凭证式国债作质押，以距离到期日最近者确定贷款期限。凭证式国债质押贷款利率，按照同期同档次法定贷款利率(含浮动)和有关规定执行。贷款期限不足 6 个月的，按 6 个月的法定贷款利率确定；期限在 6 个月以上 1 年以内的，按 1年的法定贷款利率确定。另外，银行也会根据客户的不同情况对贷款利率进行调整，贷款利率的下限是基准利率的 0.9，不设上限。借款人提前还贷，贷款利息按合同利率和实际借款天数计算，另外按合同规定收取补偿金。凭证式国债质押贷款实行利随本清。凭证式国债质押贷款逾期 1 个月以内的(含 1 个月)，自逾期之日起，按法定罚息率向借款人计收罚息。

2. 存单质押

存单质押贷款利率按照中国人民银行规定的同期贷款利率计算，贷款期限不足 6 个月的，按 6 个月的法定贷款利率确定；期限在 6 个月以上 1 年以内的，按 1 年的法定贷款利率确定。优质客户可以下浮 10%。如借款人提前还贷，贷款利率按合同利率和实际借款天数计算。目前各家商业银行都推出了存单质押贷款业务，且手续简便。借款人只需向开户行提交本人名下的定期存款(存单、银行卡账户均可)及身份证，就可提出贷款申请。经银行审查后，双方签订《定期存单抵押贷款合同》，借款人将存单交银行保管或由银行冻结相关存款账户，便可获得贷款。各银行对贷款的起点金额和最高限额的规定有所不同，如中国工商银行存单质押贷款的起点金额为 1000 元，最高限额不超过 10 万元，且不超过存单面额的 80%；交通银行要求最高为质物面额的 90%。银行借款人如果手续齐备，当天就可以签订合同拿到贷款，不需要任何手续费。存单质押贷款一般适合短期、临时的资金需求。

目前，商业银行提供的贷款种类各异，除了上述列举的两种外，还有如个人临时贷款、个人房产装修贷款、个人旅游贷款、个人商铺贷款、个人小型设备贷款等。

三、保单质押贷款

所谓保单质押贷款，是指保单所有者以保单作为质押物，按照保单现金价值的一定比例获得短期资金的一种融资方式。目前，我国保单质押贷款存在两种情况：一是投保人把保单质押给保险公司，直接从保险公司取得贷款，如果借款人到期不能履行债务，当贷款本息达到退保金额时，保险公司终止其保险合同效力；另一种是投保人将保单质押给银行，由银行支付贷款给借款人，当借款人不能到期履行债务时，银行可依据合同凭保单由保险公司偿还贷款本息。

然而，并不是所有的保单都可以进行质押，只有具有现金价值的保单，才能进行质押。人身保险合同可分为两类：一类是医疗保险和意外伤害保险合同，此类保险合同属于损失补偿性合同，与财产保险合同一样，不能作为质押物；另一类是具有储蓄功能的养老保险、投资分红型保险及年金保险等人寿保险合同，此类保险合同只要投保人缴纳保费超过 1 年，人寿保险单就具有了一定的现金价值，保单持有人可以随时要求保险公司返还部分现金价值，这类保单可以作为质押物。

此外，保单质押贷款的期限和贷款额度也有限制。保单质押贷款的期限较短，一般不超过 6 个月。最高贷款额不超过保单现金价值的一定比例。各保险公司对这个比例有不同的规定，一般在 70%左右；银行则要求相对宽松，贷款额度可达到保单价值的 90%。期满后贷款一定要及时归还，一旦借款本息超过保单现金价值，保单将永久失效。目前保单贷款的利率参考法定贷款的利率，同时，保险公司和银行根据自身的情况，具体确定自己的贷款利率。

四、典当融资

2005 年 2 月 9 日颁布的《典当管理办法》规定，典当是指"当户将其动产、财产权利作为当物质押或者将其房地产作为当物抵押给典当行，交付一定比例费用，取得当金，并在约定期限内支付当金利息、偿还当金、赎回当物的行为"。

办理出当与赎当，当户均应当出具本人的有效身份证件。当户为单位的，经办人员应当出具单位证明和经办人的有效身份证件；委托典当中，被委托人应当出具典当委托书、本人和委托人的有效身份证件。出当时，当户应当如实向典当行提供当物的来源及相关证明材料。赎当时，当户应当出示当票。所谓当票，是指典当行与当户之间的借贷契约，是典当行向当户支付当金的付款凭证。

当物的估价金额及当金数额应当由双方协商确定。房地产的当金数额经协商不能达成一致的，双方可以委托有资质的房地产价格评估机构进行评估，估价金额可以作为确定当金数额的参考。典当期限由双方约定，但最长不得超过 6 个月。

典当当金利率应按中国人民银行公布的银行机构6个月期法定贷款利率及典当期限折算后执行。典当当金利息不得预扣。除此之外，典当过程中还需缴纳各种综合费用，即各种服务及管理费用。动产质押典当的月综合费率不得超过当金的42‰；房地产抵押典当的月综合费率不得超过当金的27‰；财产权利质押典当的月综合费率不得超过当金的24‰。当期不足5日的，按5日收取有关费用。

典当期内或典当期限届满后5日内，经双方同意可以续当，续当一次的期限最长为6个月。续当期自典当期限或者前一次续当期限届满日起算。续当时，当户应当结清前期利息和当期费用。典当期限或者续当期限届满后，当户应当在5日内赎当或者续当。逾期不赎当也不续当的，为绝当。当户于典当期限或者续当期限届满至绝当前赎当的，除须偿还当金本息、综合费用外，还应当根据中国人民银行规定的银行等金融机构逾期贷款罚息水平、典当行制定的费用标准和逾期天数，补交当金利息和有关费用。

项目三 现金规划

现金规划是为满足个人(家庭)短期需求而进行的对日常的现金、现金等价物、短期融资活动进行管理和安排的过程。现金规划既能使所拥有的资产保持一定的流动性，满足个人(家庭)支付日常生活费用的需要，又能使流动性较强的资产保持一定的收益。现金规划的目的在于确保有足够的资金来支付计划中和计划外的费用，并且使消费模式在预算限制之内。

现金规划有一个原则，即短期需求可以用手头的现金来满足，而预期的或者将来的需求则可以通过各种类型的储蓄或者短期投、融资工具来满足。

任务一：确定现金储备金额

一、建立现金储备需要考虑的因素

(1) 交易动机的需要。

一般来说，个人(家庭)的收入水平越高，交易数量越大，其为保证日常开支所需的货币量就越大。

(2) 预防动机的需要。

预防动机又称谨慎动机，是指为了预防意外支出而持有一部分现金及现金等价物的动机。一般来说，个人(家庭)为此储备多少现金，主要取决于个人(家庭)对意外事件的看法，也取决于个人(家庭)的收入情况。

(3) 持有现金及现金等价物的机会成本。

个人(家庭)决定现金储备规模，还要考虑持有现金及现金等价物所产生的一定的机会成本(即进行一项投资时放弃另一项投资所承担的成本)。

二、一般家庭的现金储备

一般家庭会储备其月支出的 3～6 倍现金，目的是既使拥有的资产保持一定的流动性，满足个人(家庭)支付日常生活费用的需要，又能使流动性较强的资产保持一定的收益性。

如：某先生的家庭税后月支出为 5000 元，则现金规划中现金储备部分应在 15 000～30 000 元之间。

三、决定家庭现金储备金额的指标

家庭现金储备金额也可通过家庭失业保障月数、家庭意外或灾害承受能力两个指标的计算结果来衡量确定。这两个指标是以现有资产状况来衡量紧急预备的应变能力。其计算公式如下：

$$失业保障月数 = \frac{可变现资产}{月固定支出}$$

$$意外或灾害承受能力 = \frac{可变现资产 + 保险理赔金 - 现有负债}{基本费用}$$

其中，可变现资产包括现金、活期存款、定期存款、股票、基金等，不包括汽车、房地产、古董、字画等变现性较差的资产；固定支出除生活费用开销以外，还包括房贷本息支出、分期付款支出等已知负债的固定现金支出；基本费用指一定时期内家庭基本生活支出和短期家庭必备支出。

失业保障月数的指标越高，表示即使失业也暂时不会影响生活。最低标准的失业保障月数是 3 个月，维持到 6 个月的失业保障较为妥当。意外或灾害承受能力指标越高，说明家庭应付紧急状况的能力越强，现金储备可相对少些。

任务二：个人预算管理与控制

一、个人预算的编制

个人预算是控制个人现金流入和流出的计划，包括对个人的收入、支出、储蓄等进行统筹安排。

编制预算的目的在于管理收入和支出，检查资金短期流动性，最大化地利用家庭的财务资源。

1. 个人预算的编制流程

(1) 计算年储蓄额。计算达到理财目标所需的年储蓄额，将预期的月储蓄与目标储蓄相比较，如果不太可能实现目标，就应该考虑开源节流，或者降低理财目标。

(2) 预测年度收入。参考最近年度的现金流量表中的年收入数据，做最好与最坏情况的敏感度分析，由此预测本年度收入。

(3) 计算年度支出预算目标。年度支出预算的计算公式如下；

$$年度支出预算 = 年度收入 - 年储蓄目标$$

(4) 将年度支出预算划分到具体项目。

2. 制定个人预算分类表

个人预算可细分为年度预算和月经常性预算两类，个人预算分类表的主要内容如表 2-1 所示。

表 2-1 个人预算分类表

预算分类	年度预算	月经常性预算
收入预算	年终奖、债息、股息、红利等	工资薪金、佣金、房租、利息等
可控制支出预算	旅游支出、子女教育费用、购置衣物、汽车保养维护等	食品支出、通信及交通费用、生活固定支出、按揭贷款支出、娱乐费用支出等
不可控制支出预算	税金、保障型保费、意外支出等	房贷利息、房租等
资本支出预算	购车、购买耐用消费品、购房等	分期付款等
储蓄预算	储蓄型保费、提前偿还房贷、投资等	定期定额储蓄或投资、还房贷本金等

二、预算控制

1. 按期对比预算和实际开支

可以考虑先按预算执行一个月，在月末，将每一类型的实际支出与预算支出的数额相比较。如果实际支出大于预算支出，就应该尽力减少其他领域的支出。

通过每月检测那些偏离了预期的支出模式，就可以找到需要进行自我调控的地方进行修改。此后，按修改后的预算，定期对比预算和实际支出，重点在于对可控制支出的管理。

同时，每月记账时，记账的项目需要与预算项目相同才能做差异分析，即将每月的收入、支出、储蓄预算与记账的实际收入、支出、储蓄相对比。

2. 预算限额系统控制法

预算限额系统控制法是指将各项支出按照预算分为不同的部分，一旦某一部分的支出超额，则必须停止支出。

预算控制的信封系统就是限额系统控制法中的一种方式。即在每个月的开始，将要花在每个主要支出项目的钱放在一个信封里，要花哪方面的钱就用哪个信封的钱。当那个信封空了，就停止该方面的支出。

任务三：制作个人(家庭)财务报表

个人(家庭)财务报表是财经之旅的起点，它能提供当前财务状况信息，以及收入支出概要。制作个人(家庭)财务报表,从而分析个人(家庭)财务状况,以尽快达到个人(家庭)财务自由。

一、编制个人(家庭)资产负债表

资产负债表,又称为资产净值表或财务状况清单,能显示个人(家庭)的财产及负债情况,是制作财务规划的起点。

步骤一:列举资产项目。

个人(家庭)资产由现金及其他具有货币价值的有形资产构成,具体可将其分为以下四类:

(1) 流动资产。流动资产是指企业可以在一年内或者超过一年的一个营业周期内变现或者运用的资产。对于个人(家庭)而言,流动资产就是指现金及容易被兑换成现金的资产项目,如活期储蓄、支票账户结余等。

(2) 不动产。不动产是指土地、建筑物及其他附着于土地上的附着物,包括物质实体及其相关权益。对于个人(家庭)而言,不动产就是指包括住宅、合作公寓、度假房产及其他归个人(家庭)所有的土地等资产。

(3) 动产。对于大多数人而言,动产是其资产的重要构成部分,包括汽车、家具及其他个人财产。尽管这些物品本身都具有价值,但却很难被兑换成现金,并且其价值随着时间的推移被反复修正。例如,一辆使用了几年的小轿车的现价比其购买时的价格低得多。因此,应将动产按现价列入资产项目中。

(4) 投资资产。一般来说,家庭投资的主要成分包括金融市场上买卖的各种资产,如存款、债券、股票、基金、外汇、期货等;以及在实物市场上买卖的资产,如房地产、金银珠宝、邮票、古玩收藏等;或者实业投资,如个人店铺、小型企业等。本书所指投资资产是特指金融投资资产,如股票、债券等。这部分资产价值可按具体时点上的收盘价计入资产项目。

步骤二:明确债务数额。

债是指按照合同的约定或法律的规定,在当事人之间产生的特定的权利义务关系。享有权利的人是债权人,负有义务的人是债务人。债务是指当前欠款,而不是将来可能出现的欠款。可根据偿债期限长短将债务分为短期债务和长期债务。

(1) 短期债务:在短期内(通常是一年内)必须偿清的债务,包括医疗费、税款、保险费、现金贷款及赊购款等。

(2) 长期债务:在一年以上时间内不需要全额偿清的债务。通常包括汽车贷款、教育贷款及抵押贷款等。其中抵押贷款是指用于购置住房及其他不动产的借入金额,其偿还期限可长达 15 年、20 年或 30 年。

步骤三:计算资产净值。

资产净值即净资产,是指资产总额与负债总额之差,即

$$净资产 = 资产 - 负债$$

因此,资产净值就是假设变卖所有资产且偿清所有债务后的理论剩余额。

个人(家庭)资产负债表的主要内容与编制过程如图 2-1 所示。

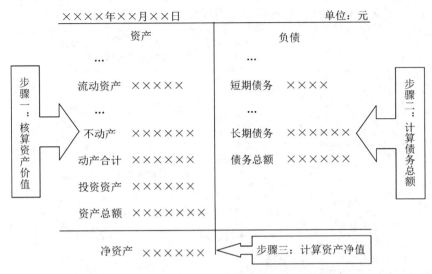

图 2-1　个人(家庭)资产负债表的主要内容与编制过程

　　每天发生的各种财务事项都会对资产净值产生影响,在领取工资或支付生活费用时资产总额或债务总额会发生相应变化,从而影响净资产价值。因此资产负债表只是反映一定时点上的财务状况。要反映一定时期内可支配的现金,必须编制现金流量表。

二、编制个人(家庭)现金流量表

　　现金流量表,即收支节余表,是一定时期内的现金收入及支出的清单,它能提供收入及支出形态的相关资料,对筹划预算有很大帮助。

　　步骤一:记录收入。

　　收入,即现金流入额,对大多数人而言,收入的主要来源是工作收入。它是创建现金流量表的起点。

　　除工作收入来源外,现金流入的其他来源还包括佣金、个体经营收入、利息、股利、赠与、津贴、奖学金、政府支付、养老金、退休收入、赡养费及儿童抚养费等。

　　步骤二:记录现金流出。

　　对生活费用及其他款项的现金支付构成了现金流量表的第二部分,即现金流出。

　　尽管个人与家庭的现金流出方式有所不同,但大多数情况下,可分为固定支出和可变支出两大类。

　　(1) 固定支出:无月份差额的支出,如租金、抵押贷款还款额、分期付款偿付额等,当然还包括每月预留出的支付期限较长的款项。

　　(2) 可变支出:每月变化的弹性支出,如食品、服装、娱乐、医疗费、赠与、捐款等。可使用现金日记账反映该段时期可变支出发生额。

　　步骤三:计算净现金流。

　　现金收入与支出之差即为净现金流,净现金流为正则为盈余,为负则为亏损。

　　在特定月份中若支出大于收入,则会出现财务亏损。此时,只能通过取款或负债的方式来弥补差额。当拥有现金盈余时,则可进行储蓄、投资或债务偿付。

个人(家庭)现金流量表的主要内容与编制过程如图 2-2 所示。

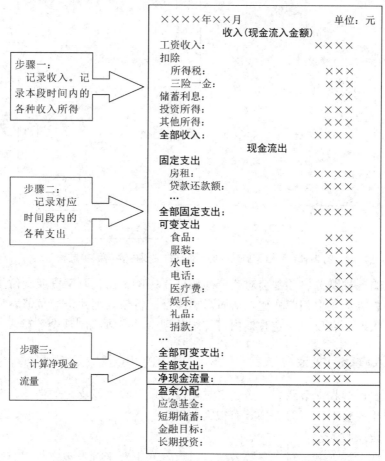

图 2-2　个人(家庭)现金流量表的主要内容与编制过程

任务四：现金规划编制

在个人(家庭)的理财规划中，现金规划既能使所拥有的资产保持一定的流动性，满足个人(家庭)支付日常家庭费用的需要，又能使流动性较强的资产保持一定的收益，甚至能明确地体现家庭收入和支出情况，进而合理规划家庭支出与收入之间的平衡。

要做好现金规划工作，首先，应将客户每月支出 3～6 倍的额度在现金规划的一般工具中进行配置。根据客户家庭的收入、支出的稳定情况不同，可将其现金或现金等价物的额度确定为每月支出的 3～6 倍。额度确定后，还要对金融资产进行配置，即在现金、各类银行存款、货币市场基金等金融产品间进行配置。其次，向客户介绍现金规划的融资方式，解决超额的现金需求。在向客户介绍了现金规划的一般工具后，应向客户介绍各种融资方式，并注意比较各种融资方式的区别。最后，形成现金规划报告，交付客户。如果客户需要综合理财规划服务，则将现金规划部分作为分项规划之一纳入理财规划建议书中。现金规划具体的编制可以从以下几个方面入手。

步骤一：编制资产负债表。

根据个人(家庭)在某一具体时点上所拥有的资产价值和所承担的债务来填写编制，它反映出个人(家庭)在特定时点上静态的财务状况。

步骤二：编制现金流量表。

根据个人(家庭)在某一段时间所获得的收入和所发生的现金支出来填写编制，它反映出个人(家庭)在特定时期内的动态财务收支节余状况。

步骤三：进行财务状况分析。

编制财务状况比率评价表，即根据资产负债表和现金流量表计算财务比率，通过这些比率指标反映财务安全程度。具体内容如表 2-2 所示。

表 2-2 个人(家庭)财务比率评价表

财务比率	计算方法	举 例	说 明
债务比率	$\dfrac{债务}{净资产}$	$\dfrac{120\,000}{36\,000}=0.33$	表明债务与净资产的关系,越低越好
短债比率	$\dfrac{流动资产}{短期债务}$	$\dfrac{2200}{550}=4$	比率越高,表明用来付账的现金越充足
流动性比率	$\dfrac{流动资产}{月开支}$	$\dfrac{2200}{600}=3.67$	表明紧急情况下仍能负担生活支出的月数。高流动性比为宜(3 以上)
债务偿付比率	$\dfrac{月债务偿付额}{实得工资}$	$\dfrac{150}{900}=0.167$	表明债务偿付占个人收入的比重,建议此比率应低于 20%
储蓄率	$\dfrac{月储蓄额}{月收入}$	$\dfrac{180}{1500}=0.12$	月储蓄率应大于 10%

步骤四：编制财务预算

财务预算能帮助客户理智消费，实现财务目标，应对突发情况，养成良好的理财习惯等。

步骤五：差异分析

分析预算金额与实际金额差异产生的原因，找出开源节流的有效方法。必要时重新调整预算。

步骤六：预算调整

预算是一个循环往复的过程，预算超支、收入变化、债务到期等原因可能要求重新调整预算，所以需要定期考察和修正消费计划。

综 合 练 习

根据以下案例资料，请按照所学基本知识为该案例中的家庭做出一份详细的现金规划方案。

家庭基本信息

丈夫：31 岁，私营业主，年收入约 30 万元，无任何保险。

妻子：28 岁，中学教师，月薪 2000 元左右(13 个月)，有社保，公积金 300 元/月。

支出：家庭日常支出每月 4000 元，孩子每月支出 1500 元，每月车费 1500 元，家庭旅游支出一年 12 000 元。

资产状况：现金 1 万元，银行活期存款 90 万元，三年定期存款 10 万元，股票 8 万元，房产现市值 86 万元，汽车一辆 16.8 万元，无负债。

模块三

金融投资规划

金融投资规划是个人理财计划的重要组成部分，要成功实现家庭资产的保值增值，就必须科学合理地进行金融投资规划。通过本模块的学习，将从中学会金融投资理财的技巧和方法。

本模块目标

知识目标

(1) 了解各种金融投资产品的特点；
(2) 掌握各类影响金融产品价格的主要因素。

技能目标

(1) 掌握主要金融投资工具的定价方法；
(2) 判断主要金融产品价格的变动趋势；
(3) 运用所学知识制定金融投资理财规划。

素质目标

(1) 培养良好的职业素养；
(2) 提升专业文案的书面表达能力；
(3) 增强良好的团队协作能力。

项目一　金融投资工具概览

金融投资工具也叫信用工具，是保证交易双方权利义务的法律凭证。传统的金融市场可以分为货币市场和资本市场。货币市场的金融工具特点是期限短(1 年以内)、流动性强、风险小、可交易等，因此有时也被看作现金的等价物；资本市场的金融工具特点是期限长(通常为 1 年以上)、风险大等。

这里我们把金融投资工具分为四个品种进行介绍，具体包括固定收益的投资工具、股权投资、金融信托及基金产品以及衍生金融产品。

任务：了解投资工具的种类

一、固定收益的投资工具

1. 银行存款

银行存款是银行资金的主要来源。银行存款可分为活期存款、定期存款和储蓄存款。活期存款指客户可以随时存取的存款。定期存款指客户与银行约定存款期限、一般到期才支取的存款。储蓄存款则指客户可以用存折随时自由支取的存款，它与活期存款不同的是储蓄存款账户不能签发支票，但储蓄客户可以获取利息。

2. 政府债券

政府债券是中央政府、地方政府或者政府担保的公用事业单位发行的债券。按期限划分，政府债券可以分为短期(1 年以内)、中期(1～10 年)和长期(10 年以上)债券三种。

3. 公司债券

公司债券是根据法定程序发行的、约定在一定时期还本付息的债券。公司债与国债相比其风险较高，且具有违约风险，因此为了吸引投资者，一些公司发行以明确抵押品作为担保的担保债券。如果没有抵押品的担保，则为无担保债券，其偿还完全靠公司的信用。如果公司破产，债券对公司的索取权比一般债券的等级低，则该债券是次级无担保债券。从风险来看，次级无担保债券最大，其次是无担保债券，最后是担保债券。所以投资者对次级无担保债券要求的收益率也是最高的。

4. 优先股

优先股是与普通股相对应的，指股东享有某些优先权的股票作为股权凭证。优先股代表对公司的所有权，但优先股股东和债券持有者一样没有表决权。优先股对公司而言没有还本付息的压力，只要在条件允许时支付一定的红利即可，所以又具有永续债券的特征。

二、股权投资

普通股也叫股权，表示股东在公司的所有权份额。股东凭借所持有的股份参加股东大会，参与企业的经营管理。在股东大会上，股东表决权的大小取决于所持有的股份数量，所持股份数量越多，表决权就越大。股东通过股东大会选举出董事会负责企业的日常管理，董事会向股东负责，股东大会可以更换不合格的董事。

普通股拥有公司盈余和剩余财产的分配权。公司对普通股的红利分配要视公司业绩和红利分配情况而定。如果公司亏损，一般来说普通股没有红利；如果有盈利，但是要扩大生产规模，增加投资，则普通股也可能没有红利。在企业破产时，普通股对剩余财产的索取权在债券和优先股之后，因此投资普通股的风险一般要高于债券和优先股。

满足上市交易条件的普通股可以在一个或几个市场同时上市交易，这样的普通股具有较好的流动性。如果不满足上市的条件也可以在场外进行交易。普通股的流动性使得公司的兼并收购成为可能，从而提高了市场资源的配置效率。

三、金融信托及基金产品

个人投资者可以自己开立账户来进行证券投资，但对于那些不精通金融投资的投资者而言，则可以选择把资金交给证券投资公司来进行管理。投资公司比较常见的形式是开放式的证券投资基金，也就是我们所说的共同基金。证券投资基金是一种利益共享、风险共担的集合投资方式，通过发行基金单位，集中投资者的资金，由基金托管人托管，由基金管理人管理和运用资金进行投资，并将投资收益按基金投资者的投资比例分配。

投资公司有多种模式，这里介绍三种：单位投资信托、契约型基金和公司型基金、开放式基金和封闭式基金。

1. 单位投资信托

单位投资信托发起人通常是一个经纪人公司，由发起人购买一个证券投资组合并将其存入信托中，在公开市场上出售股份或基金单位。所有本金和收入的支付由基金受托人承担，由他们向投资者进行支付。大多数单位投资信托持有的是固定收益证券，并持有到期，而且投资的对象具有鲜明的特征，如有的投资公司债券，而有的投资市政债券。因为单位投资信托的资产组合固定不变，所以并不需要多少积极的管理活动，所以也被称为无需管理的基金，其管理费也低于那些需要进行积极管理的基金。

单位投资信托发起人的获利途径是以资产成本溢价出售该信托的股份。例如一家单位投资信托购买了 1000 万美元的资产，以每份 1020 美元出售 10 000 股，从而获得 2% 的溢价。

投资者可以按净资产把股份卖给受托人，受托人可以用出售投资组合的证券进行支付，也可以把该股份卖给其他投资者。

2. 契约型基金和公司型基金

证券投资基金按其组织形式不同，可分为契约型基金和公司型基金。

契约型基金也称信托型投资基金，是根据一定的信托契约原理设立的，由基金发起人和基金管理人、基金托管人订立基金契约而组建的投资基金。基金管理公司依据法律法规和基金契约负责经营和管理操作；基金托管人负责保管基金资产，执行管理人的有关指令，办理基金名下的资金往来；投资者通过购买基金单位，享有基金投资收益。我国大陆的基金目前都是契约型基金，另外英国、日本和我国香港、台湾地区也多是契约型基金。

公司型基金是具有共同投资目标的投资者依据公司法组成以盈利为目的、投资于特定对象(如各种有价证券、货币)的股份制投资公司。这种基金通过发行股份的方式筹集资金，是具有法人资格的经济实体。基金持有人既是基金投资者又是公司股东，按照公司章程的规定，享受权利、履行义务。公司型基金成立后，通常委托特定的基金管理公司运用基金资产，基金资产的保管则委托另一金融机构，该机构的主要职责就是保管基金资产并执行基金管理人的指令，二者权责分明。基金资产独立于基金管理人和托管人之外，即使受托的金融保管机构破产，受托保管的基金资产也不在清算之列。美国的基金多为公司型基金。

3. 封闭式基金和开放式基金

开放式基金指发起人在设立基金时，基金单位总数不固定，投资者可以根据自己的投资决策要求发行机构按照基金单位资产净值扣除手续费后赎回单位份额，或者再买入单位份额。所以为了应对投资者中途变现的压力，开放式基金一般保留一定比例的现金。

封闭式基金指发起人在设立基金时，基金单位总数固定，在一定时间内封闭，不接受新的投资，投资者不能赎回份额。如果投资者想退出投资，那么只能把基金单位转让给其他投资者。

四、衍生金融产品

1. 期货

期货是指交易双方约定在未来某个日期以约定的价格交割某种标的商品，双方约定的价格就是期货价格。在交易中，承诺在交割日购买商品的交易方叫做多头方，承诺在交割日卖出商品的交易方叫做空头方。

与现货交易不同，期货交易的是合约，交易者可以持有到期，也可以在到期前将合约转让。期货合约是标准化的交易合约，其唯一变量就是价格，数量、质量、交货时间和地点等都由期货交易所统一规定。

从世界上期货市场发展的历史看，期货商品主要有四个主要类别：农产品期货、金属与矿产品期货、能源期货、金融期货。

金融期货的交易对象就是金融商品，它是在国际金融环境变化的条件下防范金融风险的有力工具，具有保值功能。金融期货主要包括外汇期货、利率期货和股票指数期货三种。

外汇期货是最早推出的金融期货品种，主要用于管理外汇风险和外汇套利。

利率期货的标的物是一定数量的与利率相关的某种金融工具，主要是各类固定收益金融工具，其作用在于规避利率风险。利率期货主要包括债券期货和主要参考利率期货。

股票价格指数是反映整个股票市场上各种股票市场价格总体水平及其变动情况的统

计指标，而股票指数期货(股指期货)就是以股票价格指数为基础变量的期货交易，是为适应人们控制股市风险，尤其是系统性风险的需要而产生的。现在世界上主要的股指期货有伦敦金融时报 100 股指期货、标准普尔 500 股指期货和日经 225 股指期货，我国现有股指期货是沪深 300 等。

2. 期权

期权又叫选择权，是指在未来一定时期可以买卖特定商品的权利。在期权交易中，买方向卖方支付一定数量的期权费，就获取在未来一段时间内以事先约定好的价格(指履约价格)向期权的卖方购买或者出售约定数量的特定标的物的权利，但不负有必须买进或卖出的义务。

如果期权的买方取得的是买入特定标的物的权利则是看涨期权，也叫买权；如果期权的买方取得的是卖出特定标的物的权利则是看跌期权，也叫卖权。期权的买方有执行的权利，也有不执行的权利，是否行权完全根据市场情况而定。

根据交割日的不同期权又可分为欧式期权和美式期权。欧式期权只可在到期日行权，而美式期权则可在发行日至期满的任何时期内行权。由于美式期权在行权方面买方拥有较大的弹性，所以其期权价格一般比同类的欧式期权要高。

下面介绍几种常见的金融期权：

(1) 股票期权：期权买方支付期权费后，获得在合约规定日或规定日之前买入或卖出股票的权利。

(2) 股票指数期权：期权买方支付期权费后，可以在有效期内以协议指数与股票市场实际指数买入或卖出股票。

(3) 利率期权：期权买方支付期权费后，可以在有效期内以约定的利率水平买入或卖出标准定额的利率工具，例如政府债券、大额可转让存单等。

(4) 外汇期权：也叫货币期权，期权买方支付期权费后，可以在有效期内以约定的汇率水平买入或卖出标准定额的外汇。

3. 互换

互换指协议双方在未来某一约定时点或者一段时期相互交换一系列的现金流。比较常见的互换包括货币互换和利率互换。

(1) 货币互换。货币互换又称"货币掉期"，是指交易双方在一定期限内将一定数量的货币与另一种一定数量的货币进行交换。由于在国际经济交往中，不同的市场参与者所需要的货币是不同的，而且存在货币之间汇率变动的风险。货币互换是一项常用的债务保值工具，主要用来控制中长期汇率风险，把以一种外汇计价的债务或资产转换为以另一种外汇计价的债务或资产，达到规避风险、降低成本的目的。

货币互换中的汇率形式，既可以是固定换浮动，也可以浮动换浮动，还可以是固定换固定。货币互换中的所规定的汇率，可以用即期汇率，也可以用远期汇率，还可以由双方协商确定为其他任意水平。

(2) 利率互换。利率互换又称"利率掉期"，是交易双方将同种货币但不同利率形式的资产或者债务相互交换。债务人根据国家资本市场利率走势，通过运用利率互换，将其自身的浮动利率债务转换为固定利率债务，或将固定利率债务转换为浮动利率债务，但利率互换不涉及债务本金的交换。

 学以致用

访问有关网站，了解我国的金融投资工具的种类及规模情况。

项目二　固定收益证券分析

任务一：债券的价格与收益及衡量

一、债券的价格

1. 债券价格的分类

债券的价格可以分为债券的票面价格、发行价格和转让价格。根据债券的票面价格与发行价格的不同关系，债券的发行可以分为平价发行、溢价发行和折价发行。

2. 债券的内在价值(或理论价格)

债券的内在价值是由投资债券未来预期的现金流按一定贴现率计算的贴现值。这里贴现率是指投资债券的机会成本，即投资者在相同期限和相同信用程度的类似投资中赚取的现实市场利率。它由以下三部分构成：

(1) 无风险的真实回报；

(2) 对预期通货膨胀率的补偿；

(3) 债券特定因素导致的额外溢价。

以上特征包括它的风险、流动性、纳税属性、赎回风险等等。因此，不同时期的现金流适用其特有的贴现率。为简化问题，我们现在假设只有一种利率，它适用于任何到期日现金流的贴现。

因此，债券内在价值 = 每期利息的现值 + 债券票面价值(本金)的现值。

(1) 附息债券的内在价值。分三种情况：

① 一次还本付息的附息债券的理论价格：

$$P = \frac{D}{(1+r)^N} + \frac{F(1+iN)}{(1+r)^N}$$

其中：

　　　P——债券的理论价格；

　　　D——债券在还本付息日得到的现金流；

　　　F——债券的面值；

　　　i——债券的票面利率；

　　　N——债券的偿还期限；

　　　r——作为贴现率的市场利率。

② 按年附息债券的理论价格：

$$P = \sum_{i=1}^{n} \frac{F \times i}{(1+r)^t} + \frac{F}{(1+r)^N}$$

③ 每年付息 k 次的债券的理论价格：

$$P = \sum_{i=1}^{kN} \frac{F \times \dfrac{i}{k}}{\left(F + \dfrac{r}{k}\right)^t} + \frac{F}{\left(1 + \dfrac{r}{k}\right)^{kN}}$$

(2) 零息债券(贴现债券)的理论价格。其计算公式为：

$$P = F \times \left(1 - \frac{dN}{360}\right)$$

其中：

P、F、N 含义同前；

d——零息债券的贴现率。

二、影响债券价格变动的主要因素

(1) 国家货币政策。当中央银行判断经济过热时，就会采取紧缩的货币政策，通过公开向商业银行等金融机构卖出债券(主要是短期国债)，使市场上的债券增多，债券价格就会下降；当中央银行判断经济萎缩时，就会采取宽松的货币政策，通过公开向商业银行等金融机构买入债券，使市场上的债券减少，债券价格就会上涨。

(2) 市场利率。债券的市场价格同市场利率呈反方向变动，若市场利率上升，债券价格就下跌；若市场利率下降，债券价格就上升。这是因为市场利率上升，超过债券利率时，投资者宁愿选择利率相对较高、收益较多的其他金融产品，债券需求降低，出现债券的供大于求，债券价格趋跌；反之，若市场利率低于债券利率，促使人们看好债券投资，债券价格就会上涨。不过需要指出的是，影响债券价格的主要因素不是现实利率水平的高低，而是利率变化预期。当人们预期市场利率将要提高时，就会先行抛售债券，导致债券价格下跌；当人们预期市场利率将会降低时，就会抢先购入债券，导致债券格上升。

(3) 国际利率水平。在开放经济条件下，一国债券价格还会受国际市场利率的影响。当国际利率上涨，尤其是经济发达国家利率上升与国内利率差距拉大时，本国投资者为了有效地使用资金，便会积极向利率高的国家投资债券，其结果便会导致国内的债券供求变化，给债券行市带来消极影响；反之，本国和外国的利率差距缩小时，外国投资者向本国债券的投资增加，从而引起本国市场对债券需求的增加，债券价格上涨。

(4) 物价水平。物价对债券行市的影响从三个方面起作用。其一，当物价上涨的速度较快时，人们出于保值的考虑，纷纷将资金投资于房地产或其他可以保值的物品，债券购买的需求减弱，从而会引起债券价格的下跌。其二，当物价急剧上升时，中央银行会采取提高官定利率等金融控制措施，平抑物价，促成整个金融市场利率水平的提高，债券利率也相应提高，债券交易价格便会随之下降。其三，当物价变动平稳时，中央银行可能会放宽金融政策，促成金融市场利率水平的下降，债券利率也会下降，债券价格随之提高。

(5) 投机操纵。在债券交易中进行人为的投机操纵，会造成债券行情的较大变动。特别是在证券市场发展初期的国家，由于市场规模较小，人们对于债券投资还缺乏正确的认识，加之法规不够健全，因而使一些实力雄厚的投机者有机可乘，以哄抬或压低价格的方式造成债券市场供求关系的变化，从而影响债券价格的涨跌。

(6) 新债券的发行量。发行新债券会增加流通市场的供给，若需求减少的话，会使债券行市承受压力。因此，当新债券的发行量适中，发行条件较优越，则新债券就会顺利地被吸收，成为行市的有利因素；相反，当发行量过大，且发行条件不利时，就会出现债券滞销的现象，从而对行市带来不利影响。

 ★★★ 学以致用

访问有关网站，搜集有关我国国债价格的相关资料，并运用上述知识进行简单分析。

三、债券的收益及衡量

(一) 债券收益的来源

(1) 债券利息收入。这是债券发行时就决定的，除保值贴补债券和浮动利率债券外，债券的利息收入不会改变，投资者在购买债券前就可得知。债券的利息收益取决于债券的票面利率和付息方式，票面利率的高低直接影响着债券发行人的筹资成本和投资者的投资收益；付息方式既影响债券发行人的筹资成本，也影响投资者的投资收益。

(2) 资本利得。债券投资的资本利得是指债券买入价与卖出价或买入价与到期偿还额之间的差额。投资者可以在债券到期时将持有的债券兑现，或是利用债券市场价格的变动低买高卖从中取得资本收益。当然，也有可能遭受资本损失。

(3) 再投资收益。再投资收益就是投资债券所获现金流量再投资的利息收入。对于附息债券而言，投资期间的现金流是定期支付的利息，再投资收益是将定期所获得的利息进行再投资而得到的利息收入。决定再投资收益的主要因素是债券的偿还期限、息票收入和市场利率的变化。

(二) 债券到期收益率的计算

有些投资者关心债券的收益，而另一些投资者则关心资本盈亏。资本盈亏是在某个时期债券价格的改变值，收益是所得回报，两者之和是债券的总回报。因为债券是固定收益证券，在规定时期内可以得到事先确定的回报，包括每半年的息票所得和到期所获得的本金回报。

在现实情况中，投资者决定是否购买债券，并非根据允诺回报率，而是在综合考虑债券价格、到期日、息票收入的基础上，判断债券在它的整个生命期内提供的回报，这就是到期收益率。

1. 基本概念

(1) 日计数基准。债券市场中计算应计利息天数和付息区间天数时采用的基准，如"实际天数/实际天数""实际天数/365""30/360"等。银行间债券市场(包括债券回购交易)日计数基准为"实际天数/365"，即应计利息天数按实际天数计算(算头不算尾)，一年按 365 天计算。

(2) 理论付息日。对零息债券和到期一次还本付息债券，理论付息日指债券期限内每年与到期兑付日相同的日期。如零息债券 A 到期兑付日为 2008 年 8 月 10 日，则债券期限内每年的 8 月 10 日为债券 A 的理论付息日。

2. 应计利息的计算

到期收益率是将债券未来现金流折算为债券全价的贴现率，债券全价等于债券净价与债券应计利息之和，应计利息计算公式如下：

(1) 对于固定利率债券和浮动利率债券，每百元面值的应计利息额为

$$\mathrm{AI} = \frac{C}{365} \times t$$

其中：

　　AI——每百元面值债券的应计利息额；

　　C——每百元面值年利息。对于浮动利率债券，C 根据当前付息期的票面利率确定；

　　t——起息日或上一付息日至结算日的实际天数。

(2) 对于到期一次还本付息债券，每百元债券的应计利息额为

$$\mathrm{AI} = K \times C + \frac{C}{365} \times t$$

其中：

　　AI、C、t 含义同前；

　　K——债券起息日至结算日的整年数。

(3) 对于零息债券，每百元债券的应计利息额为

$$\mathrm{AI} = \frac{100 - P_d}{T} \times t$$

其中

　　AI、t 含义同前；

　　P_d——债券发行价；

　　T——起息日至到期兑付日的实际天数。

3. 债券全价与到期收益率的互算

(1) 对处于最后付息周期的固定利率债券、待偿期在一年及以内的到期一次还本付息债券和零息债券，到期收益率按单利计算。计算公式为

$$y = \frac{\dfrac{\mathrm{FV} - \mathrm{PV}}{\mathrm{PV}}}{\dfrac{D}{365}}$$

其中:

　　y——到期收益率;

　　FV——到期兑付日债券本息和,固定利率债券为 $M+C/f$,到期一次还本付息债券为 $M+N\times C$,零息债券为 M(M 为债券面值;N 为债券期限(年),即从起息日至到期兑付日的整年数;C 为债券票面年利息;f 为年付息频率);

　　PV——债券全价;

　　D——债券结算日至到期兑付日的实际天数。

　　(2) 对待偿期在一年以上的到期一次还本付息债券和零息债券,到期收益率按复利计算。计算公式为

$$PV = \frac{FV}{(1+y)^{\frac{d}{365}+m}}$$

其中:

　　PV——债券全价;

　　FV——到期兑付日债券本息和,到期一次还本付息债券为 $M+N\times C$,零息债券为 M(M、N、C 含义同前);

　　y——到期收益率;

　　d——结算日至下一最近理论付息日的实际天数;

　　m——结算日至到期兑付日的整年数。

　　(3) 对不处于最后付息周期的固定利率债券,到期收益率按复利计算。计算公式为

$$PV = \frac{C/f}{(1+y/f)^{\frac{d}{365/f}}} + \frac{C/f}{(1+y/f)^{\frac{d}{365/f}+1}} + \cdots +$$

$$\frac{C/f}{(1+y/f)^{\frac{d}{365/f}+n-1}} + \frac{M}{(1+y/f)^{\frac{d}{365/f}+n-1}}$$

其中:PV、C、f、y、d、n、M 含义同前。

　　(4) 对于浮动利率债券的到期收益率,可参考(1)和(3)中固定利率债券的到期收益率算法,假定未来各期票面利率与当前付息期票面利率相同进行计算。

任务二:对债券的风险进行评估

　　任何投资都是有风险的,风险不仅存在于价格变化之中,也可能存在于信用之中。因此正确评估债券投资风险,明确未来可能遭受的损失,是投资者在投资决策之前必须做的工作。

　　尽管与股票相比,债券的利率一般是固定的,但进行债券投资和其他投资一样,仍然是有风险的。下面我们来看一看,如果投资债券,可能会面临哪几方面的风险,同时应该如何去规避它。

一、违约风险

违约风险，是指发行债券的借款人不能按时支付债券利息或偿还本金，而给债券投资者带来损失的风险。在所有债券中，财政部发行的国债，因有政府作担保，往往被市场认为是金边债券，所以没有违约风险。除中央政府以外，地方政府和公司发行的债券则或多或少地有违约风险。因此，信用评级机构要对债券进行评价分析，以反映其违约风险高低。一般来说，如果市场认为一种债券的违约风险相对较高，那么就会要求债券的收益率要较高，从而弥补可能遭受的损失。

违约风险一般是因发行债券的公司或主体经营状况不佳或信誉不高带来的风险，所以，规避违约风险的最直接的办法就是不买质量差的债券。在选择债券时，一定要仔细了解公司的情况，包括公司的经营状况和公司以往的债券支付情况，尽量避免投资经营状况不佳或信誉不好的公司债券。在持有债券期间，应尽可能对公司经营状况进行了解，以便及时做出是否卖出债券的抉择。同时，由于国债的投资风险较低，保守的投资者应尽量选择投资风险低的国债。

一般来说，公司债券评价分析包括以下三个方面：产业分析、财务分析以及国际风险分析。

1. 产业分析

(1) 判断该公司所属的产业是朝阳产业还是夕阳产业，是在经济环境中稳定的产业还是对变化十分敏感的产业；

(2) 评价该公司在同行业中的竞争力，分析公司生产经营的各方面在同行业中所处的地位及今后的发展趋势。

2. 财务分析

对财务状况的分析，是信用评级的主要一环，主要有以下四个方面的指标：

(1) 收益性指标，包括销售利润率、投资盈利率和利息支付能力；

(2) 负债指标，包括长期负债比率和资产负债率；

(3) 财务弹性指标，包括资金流动比率、速动比率、运营资金比率、应收账款周转率、存货周转率；

(4) 清算价值。

3. 国际风险分析

当一国政府、金融机构、公司在其他国家或金融市场上发行债券时，还需要对其进行国际风险的分析。一个国家偿还债务的能力和愿望是由其政治、社会和经济结构状况决定的。因此，国际风险分析包括以下两方面内容：

(1) 政治风险的分析，包括政治制度、社会情况、国际关系；

(2) 经济风险的分析，包括债务国的外债情况、国际收支状况、汇率制度、经济结构与经济增长以及总的经济实力。

二、利率风险

债券的利率风险，是指由于利率变动而使投资者遭受损失的风险。毫无疑问，利率是影响债券价格的重要因素之一。当利率提高时，债券的价格就降低；当利率降低时，债券的价格就会上升。由于债券价格会随利率变动，所以即便是没有违约风险的国债也会存在利率风险。

对于利率风险，应采取的防范措施是分散债券的期限，长短期配合。如果利率上升，短期投资可以迅速地找到高收益投资机会；若利率下降，长期债券却能保持高收益。即不要把所有的鸡蛋放在同一个篮子里。

三、购买力风险

购买力风险，是指由于通货膨胀而使货币购买力下降的风险。通货膨胀期间，投资者实际利率应该是票面利率扣除通货膨胀率的值。若债券利率为 10%，通货膨胀率为 8%，则实际的收益率只有 2%。购买力风险是债券投资中最常出现的一种风险。实际上，在 20 世纪 80 年代末到 90 年代初，国民经济一直处于高通货膨胀的状态，因此我国发行的国债销路并不好。

对于购买力风险，最好的规避方法就是分散投资，以分散风险，使购买力下降带来的损失能被某些收益较高的投资收益所弥补。通常采用的方法是将一部分资金投资于收益较高的投资方式上，如股票、期货等，但带来的风险也会随之增加。

四、变现能力风险

变现能力风险，是指投资者在短期内无法以合理的价格卖掉债券的风险。如果投资者遇到一个更好的投资机会，想出售现有债券，但短期内找不到愿意出合理价格的买主，要把价格降到很低或者要很长时间才能找到买主，那么他不是遭受降价损失，就是丧失新的投资机会。

针对变现能力风险，投资者应尽量选择交易活跃的债券，如国债等，便于得到其他人的认同，冷门债券最好不要购买。在投资债券之前也应考虑清楚，应准备一定的现金以备不时之需，毕竟债券的中途转让一般不会给持有债券人带来好的回报。

五、再投资风险

投资者投资债券可以获得的收益有以下三种：

(1) 债券利息；

(2) 债券买卖中获得的收益；

(3) 临时的现金流(如定期收到的利息和到期偿还的本金)进行再投资所获取的利息。

实际上，再投资风险是针对第(3)种收益来说的。在后面的章节中我们会看到，投资者为了实现与购买债券时所确定的收益相等的收益，这些临时的现金流就必须按照买入债券时确定的收益率进行再投资。

对于再投资风险，应采取的防范措施是分散债券的期限，长短期配合。如果利率上升，短期投资可迅速找到高收益投资机会,若利率下降,长期债券却能保持高收益。也就是说,要分散投资,以分散风险,并使一些风险能够相互抵消。

六、经营风险

经营风险,是指发行债券的单位管理人员与决策人员在其经营管理过程中发生失误,导致资产减少而使债券投资者遭受损失。

为了防范经营风险,选择债券时一定要对公司进行调查,通过对其报表进行分析,了解其盈利能力和偿债能力、信誉等。由于国债的投资风险极小,而公司债券的利率较高但投资风险较大,所以,需要在收益和风险之间做出权衡。

项目三 股票投资分析

任务一: 计算股票理论价值

股票的内在价值对于投资者至关重要,市场价格与内在价值之间的偏离使投资者得以通过投机获利。因此,投资者计算股票内在价值的主要目的就是识别错误定价的股票并从中获利。以下介绍几个常用的股票定价模型。

1. 零增长的红利贴现模型

对未来股息所做的最简单的假设就是股息的数量保持不变,即未来股息的增长率为零,即 $g = 0$。以后各年支付的股息都等于今年支付的股息,数学表达式为

$$D_0 = D_1 = D_2 = D_3 = \cdots = D_t$$

这种假设下的红利贴现模型被称为零增长模型,用 D_0 (当期红利)替换 D_t (预计 t 期后获得的红利)即

$$V = \sum_{t=1}^{\infty} \frac{D_t}{(1+k)^t} = D_0 \left[\sum_{t=1}^{\infty} \frac{1}{(1+k)^t} \right]$$

其中: k——投资者要求的投资回报率或贴现率。

由上式还可以推出在未来股息增长率为零的假设下,如果已知每股价值(V)的本年度股利,投资者要求的股票收益率的计算公式:

$$k = \frac{D_0}{V}$$

零增长模型关于股票的股息将永远按照一个固定的数量来发放的假设其实不太合理,这就使得使用该模型来计算普通股的内在价值的准确性打了折扣。但是在确定优先股的内在价值时,使用零增长模型是比较恰当的,因为大多数优先股都是按照固定数目支付股息,而且其股利的发放也没有固定年限。

2. 固定增长的红利贴现模型

假定公司的股息预计在很长一段时间内以一个固定的比例(g)增长,即在预测的期限

内，每一期的股息都将在上一期股息的基础上，稳定增长 g，数学表达式为

$$D_t = D_{t-1} \times (1+g) = D_0 \times (1+g)^t$$

这种假设下的模型被称为固定增长的红利贴现模型，又被称为戈登增长模型(简称 GGM)。将上述假设条件代入零增长红利贴现模型公式，可以得到

$$V = \frac{D_0(1+g)}{k-g}$$

在 $g=0$ 时，公司的各期股息相等，上式将简化为 $V = D_0/k$。可以看出，零增长的红利贴现模型实际上就是固定增长的红利贴现模型的特例。

需要指出的是，模型里暗含了另一个假定，即股票收益率要大于股利增长率。当股票收益率小于或等于股利增长率时，分母小于等于零，模型失去意义。

GGM 对模型里的变量非常敏感，投资者要求的股票收益率和股利增长率的一个微动，就会通过分母放大，导致计算出来的内在价值出现较大偏离。对上述公式变形，可以得出投资者要求的股票收益率的计算公式：

$$k = \frac{D_0}{V} + g$$

即投资者要求的股票收益率由两部分构成：红利收益率($\frac{D_0}{V}$)和资本利得收益率。我们注意到，在固定增长的红利贴现模型中，资本利得收益率等于股利增长率 g。

任务二：股票投资的基础分析

基础分析是通过对影响股票市场供求关系的基本因素，即宏观经济情况、行业动态变化、公司业绩前景、财务结构、经营状况以及股票市场中的一些技术因素、政治因素、心理因素等进行分析，确定股票的真正价值，判断股市走势，提供投资者选择股票的依据。

基础分析的前提假设是股票都有真正价值或内在价值，而市场上的股价与这个内在价值经常不相符，但股价迟早会向内在价值调整。因此，基础分析较多地从影响股价变动的基本因素出发，通过比较理论价值与市场价格，以确定何时买卖股票，买卖何种股票。

基础分析偏重于长期分析，它的资料主要来源于各上市公司的招股说明书、上市公告书、公司财务报告、公司派息通告以及报纸杂志上的有关信息。

基础分析的主要内容包括宏观经济分析、行业分析和上市公司财务分析三个方面。

 ★★★ **学以致用**

访问有关网站，收集上次选取股票的相关信息，分别从宏观、行业与公司进行分析。

一、宏观经济分析

1. 经济周期或景气变动

任何国家的经济都会有周期。经济景气的周期波动直接影响整个社会的投资、生产和消费，影响上市公司的经营业绩和股市上投资者的心理预期。

当经济由萧条开始走向复苏乃至繁荣时，整个社会的需求会扩大，公司经营活跃。投资者预测景气好转，生产者的利润将会上升，股票收益也可望增加。公司产品价格上涨在时间上又领先于利率和工资等生产要素的上涨，生产者的实际利润也会增加。因此，股票价格会提前上涨。相反，当经济将步入衰退时，投资者预测景气会变坏，生产者的利润会下降，股票收益自然受影响，因而股票价格就会领先下跌。由于股价变动先于景气的变动，投资者如果能早一步，在股价反应未来景气变动前预测到未来景气的变化，就可获利。长期投资者可以在经济不景气(萧条)的末期买入股票，在好景气中、末期卖出股票。看准长期性的大幅上涨，有时比短期的进出股市收效更大。

2. 宏观经济政策

政府对经济的干预主要是通过货币政策和财政政策来实现的。不同性质、不同类型的政策手段对证券市场价格变动有着不同的影响。

(1) 货币政策。货币政策直接影响的是货币供应量，而货币供应量又会间接对股票市场造成影响。一般而言，货币供给量与股价同向变动。当货币供给增加时，可用于股市投资的资金供给就会增加，股价自然容易上涨。当然，影响股价的因素是同时起作用的，它们可能互相干扰，使得投资者很难看出某一个因素的作用效果。货币供应量就容易受物价上涨等因素干扰，使其效果不显著。

(2) 财政政策。财政政策是通过改变财政收入和财政支出来影响宏观经济活动水平的经济政策。总体看来，实行扩张性的财政政策，增加财政支出，减少税收，可增加总需求，使公司业绩上升，经营风险下降，居民收入增加，从而使股票价格上涨；反之，实行紧缩性财政政策，减少财政支出，增加税收，可减少社会总需求，使过热的经济受到抑制，从而使得公司业绩下滑，居民收入减少，这样，股票价格就会下跌。

3. 利率及其变动

利率是一个很敏感的信号，是重要的经济杠杆。利率变动与股价变动的关系也非常密切，一般来说，股价随着利率的提高而下跌，随着利率的下调而上涨。利率对股价产生的这种影响主要表现在以下几个方面：

(1) 当利率上升时，由于上市公司借贷资金利息支出增加，公司获利就会减少，作为公司获利能力反映的股价也会因此而下挫。反之，利率下降时，公司借贷资金成本减少，公司盈利增加，股价也将因此而上涨。

(2) 当利率上升时，投资者由于评估股票价值所用的折现率(即预期投资报酬率)就会上升，尽管未来可能取得的收益没变，但由于折现率上升了(分子不变，分母变大)，由此折现出的股票内在价值自然下跌，股票的市场价格也会跟着下降；反之，利率下降时，投资者购买股票的机会成本变小，对折现率的要求也可低些，股价因此而上升。

(3) 当利率上升时，货币供应量会减少，社会上投机性资金的供给将减少，股市资金供应也将减少。这样一来，过少的资金就难以支撑很高的股价，股价不久便会自动下跌。反之，利率下降时，股市资金也丰裕，买盘承受能力很强，股价将会上涨。从投资者信心来说，低利率将刺激经济发展，使投资者对未来充满信心，股价上涨潜力增大。

4. 通货膨胀或物价水平

由于物价上涨，相同数量的货币所能购买的商品和劳务就会明显减少，这会对整个社会的政治、经济产生影响，股价自然也在其影响范围内。物价上涨对股票价格的影响，在不同的情况下有着不同的结果。在通货膨胀初期，投资者出于保值考虑，有可能把资金从股市转移到房地产或黄金等保值商品市场，从而股市上卖出股票的数量大于买入数量，股价会因此下跌。尤其在物价激烈上涨时，股民会因为恐慌而做出过激反应，争相抛股，导致股价大幅下跌。但是在物价处于温和上涨时，如果物价上涨率高于借款利率上涨率，上市公司可能由于存货价值上升和产品价格上涨幅度超过借款成本及原材料上涨而使利润增加，带动股价上涨。这时，物价上涨反而有利于股价的上升。因此，物价上涨在不同时期，对股价产生的到底是利多还是利空影响，取决于当时的特定形势和其他因素的综合作用。

5. 政治因素

政治因素指足以影响股票价格的国内外政治活动和政府的政策与措施。影响股价变动的政治因素主要有对外关系变化、政权更替、战争爆发、政策变动以及国际政治的重大变化等。不可否认的是，政治因素有的时候会成为影响股价波动的决定性因素。

二、行业分析

宏观经济分析主要分析社会经济的总体情况，但是各行业的发展与整个宏观经济发展并不完全一致。行业的景气状况在相当程度上决定了有关企业当前的获利能力和未来的增长潜力。行业分析就是对公司所处的行业状况进行分析，它不仅可为投资者提供详尽的行业投资背景，确定行业投资重点，还能帮助投资者选择投资企业和确定持股时间。

1. 经济周期对行业的影响分析

根据行业变动与国民经济周期变动的关系，将行业分为四类：

1) 增长性行业

增长性行业主要依靠技术的进步、新产品的推出以及更优质的服务，使其经常呈现出增长态势，因此这类行业的运动状态与经济活动总水平的周期及其振幅无关。然而，投资者难以把握这类行业股票的精确买入时机，因为这些行业的股票价格不会随着经济周期的变化而变化。

2) 周期性行业

周期性行业的运动状态直接与经济周期相关。当经济处于上升时期，这些行业会紧随其扩张；当经济衰退时，这些行业也相应跌落。产生这种现象的原因是，这类产品的需求收入弹性比较高，例如建筑材料、家用电器、旅游业等。

3) 防御性行业

这类行业由于其产品需求相对稳定(产品的需求弹性较低)，运动形态并不受经济周期衰退的影响，有时候在经济萧条时期，防御性行业产品需求甚至还会有实际增加。因此对其投资的收益相对稳定，典型的防御性行业有食品业和公用事业等。

4) 增长/周期性行业

在行业的运动形态中还有另一种可能，这些行业既有增长的运动形态，又有周期性的运动形态，这些行业被称为增长/周期性行业。这类行业有时稳定地增长，有时又会随季节的起伏而变动。显然，识别这种非规则增长形态及其与经济周期的紧密联系十分重要，正确的判断能够帮助投资者避免将资金投入可能发生收入下降的行业，或能帮助投资者寻找到良好的投资机会。

2. 行业的生命周期分析

通常，每个行业都要经历一个由成长到衰退的发展演变过程。这个过程便被称为行业的生命周期。一般地，行业的生命周期可分为四个阶段，即初创期(也称幼稚期)、成长期、成熟期和衰退期。

(1) 初创期。在这一时期里，新行业刚刚诞生或初建不久，产品市场需求小，产品成本较高，投资风险很大。另外，在初创期，企业还可能因财务困难而引发破产的风险。在初创期后期，随着行业生产技术的提高、生产成本的降低和市场需求的扩大，新行业逐步由高风险低收益的初创期转向成长期。

(2) 成长期。在成长期，拥有一定市场营销和财务力量的企业逐渐主导市场。这些企业一般是较大的企业，其财务结构比较稳定，因而开始定期支付股利并扩大经营。但随着市场需求的扩大，竞争也日益加剧，生产厂商必须通过领先追加生产投资、提高生产技术、降低成本以及研制开发新产品的方法赢取竞争优势，那些财力与技术较弱、经营不善或新加入的企业往往被淘汰或被兼并。到成长期后期，在残酷的优胜劣汰之后市场上生产厂商的数量大幅度下降并逐步趋于稳定，但由于市场需求基本饱和，产品销售增长率减慢，迅速赚取利润的机会减少，整个行业开始进入稳定期，这时行业的增长具有可测性，行业的波动也较小。

(3) 成熟期。这是一个相对较长的时期，在这一时期里，在竞争中生存下来的少数厂商垄断了整个行业的市场，每个厂商都占有一定比例的市场份额，厂商与产品之间的竞争手段逐渐从价格手段转向各种非价格手段，如提高质量、改善性能和加强售后服务等，行业的利润由于一定程度的垄断达到了很高的水平，风险却因市场比例比较稳定而降低。在行业成熟期，行业增长速度降到一个更加适度的水平，在某些情况下，整个行业的增长可能会完全停止，甚至下降，很难较好地保持与国民生产总值同步增长。当然，由于技术创新的原因，也不排除行业会出现新的增长的可能。

(4) 衰退期。这一时期出现在较长的稳定期后，由于新产品和大量替代品的出现，原行业的市场需求开始逐渐减少，产品的销售量也开始下降，某些厂商开始向其他更加有利可图的行业转移，原行业厂商数目减少，利润率停滞或不断下降。当正常利润无法维持或现有投资折旧完毕后，整个行业便逐渐解体了。

三、上市公司财务分析

上市公司获利能力、偿债能力、成长能力等财务状况是决定该公司股价的基础，因此，对公司的财务分析是股票投资基本分析的重要组成部分，是确定公司内在价值的一个基本工具。对公司的财务分析主要是对公司财务报表的分析，我们重点介绍对于公司的财务报表中财务比率的分析。

1. 公司的收益力分析

公司的收益力分析指标包括分析股东获利能力和公司获利能力两大类指标。反映股东获利能力的指标主要有每股盈余、市盈率、本利比、普通股权益报酬率和现金收益率五大指标。反映公司获利能力的指标则包括毛利率和资产报酬率两个。

2. 公司的安定力分析

公司的安定力分析主要看企业经营基础是否稳固，企业财务结构是否合理，偿债能力是否具备，一般从短期和长期偿债能力进行分析。短期偿债能力包括流动比率和速动比率两大指标，而长期偿债能力则可通过股东权益对负债比例、负债比例与权益比例、固定资产对股东权益比例、有形资产净额对长期负债以及利息保障系数五方面进行反映。

3. 公司活动力分析

公司活动力是对公司资产运用效率和经营能力进行分析，主要通过总资产周转率和应收账款周转率等指标进行分析。

4. 公司成长力分析

公司成长力分析是对公司各项指标的增长情况、企业的前景进行分析，包括股东权益增长率、每股净值增长率、固定资产增长率、销售收入增长率和税后利润增长率等指标。

任务三：股票投资的技术分析

技术分析是一种根据股市行情变化分析股票价格走势的方法，它通过对某些历史资料(成交价、成交量或成交额)的分析，判断整个股市或个别股票未来的变化趋势，探讨股市里投资行为的可能轨迹，给投资者提供买卖股票的信号。

基础分析与技术分析在理论及分析方式上，存在较大的差异，代表着两种不同的流派。一般来说，基础分析仍被看作股价分析的正流，它有着完善的理论基础，适用于选股和长期投资分析；技术分析侧重历史资料、历史现象的统计与归纳，缺乏理论根据。但是由于股票市场的复杂性，投资者在实际操作过程中往往将两种分析方法结合起来使用，在不同时候互为辅助分析工具，以提高投资决策的准确度。一般来说，在股市变动较为正常、平稳时，多注重基础分析方法，而在股市变动出现异常、投机风气较盛时，多注重技术分析方法；判断长期趋势时多采用基础分析方法，而进行短期操作时，多采用技术分析方法。

学以致用

访问有关网站，运用个股技术图形与相关技术指标对上次选取股票进行简单分析。

一、图形分析

1. K线分析

K线分析是图形分析中最基本的分析工具。用K线记录每只股票每天的开盘价、收盘价、最低价、最高价，从K线的颜色、实体的长短、上下影线的长短反映股市当天多空双方的力量对比。

2. 切线分析

切线分析是一种典型的趋势分析方法，通过运用支撑线和阻力线、趋势线和轨道线、黄金分割线和百分比线、扇形原理、速度线和甘氏线等分析工具，帮助投资者判断证券市场的大势是继续维持原来的方向还是调头反转。

3. 形态分析

形态分析实际上是K线理论的延伸，通过将K线的组合所包含的K线根数扩大，在研究股价所走过的轨迹和形态的过程中，分析和挖掘多空双方力量对比的信号。根据形态理论，股票价格移动有两种基本形态，即持续整理形态和反转突破形态。

二、指标分析

为减少图表判断的主观性，分析家们通过一些运用数据、指标的方法来辅助个人对图形形态的判断，使分析更具客观性和透彻性。

项目四　证券投资基金产品的分析

任务一：了解证券投资基金的性质和种类

一、证券投资基金的性质

1. 证券投资基金是一种投资制度

投资基金是从广大投资者处聚集巨额资金，通过组建投资管理公司进行专业化管理和经营，资金的运作受到多种监督。

2. 证券投资基金是一种金融市场的媒介

投资基金存在于投资者与投资对象之间，将投资者的资金转化为金融资产，通过专业机构再进入市场上的再投资，使货币资产得以保值、增值。

3. 证券投资基金是一种金融信托形式

与一般的金融信托关系一样，投资基金当事人主要由委托人、受托人和受益人三方组成，但它又有自己的特征。比如，从事有价证券投资的当事人中还有一个必不可少的托管人，它与受托人(经济管理公司)不是同一个机构。另外，基金管理人并非对每一个投资者的资金单独加以运用。

4. 证券投资基金本身属于有价证券的范畴

投资基金发行的凭证，即基金券(或受益凭证、基金单位、基金股份)，与股票、债券以及金融衍生工具一样，都属于资本证券的主要内容。

二、证券投资基金的种类

1. 公司型基金与契约型基金

按组织形态的不同，投资基金可以分为公司型基金和契约型基金两种，其主要区别如下：

(1) 资金性质不同。契约型基金的资金是信托资产，公司型基金的则是公司法人的资本。

(2) 投资者的地位不同。契约型基金的投资者是信托契约中规定的受益人，公司型基金的则是公司的股东。

(3) 资本结构不同。契约型基金只能面向投资者发行受益凭证，公司型基金除了可以向投资者发行普通股外，还可以发行公司债券和优先股。

(4) 融资渠道不同。契约型基金一般不向银行举债，公司型基金在资金运用状态良好、业务开展顺利且需要增加投资时可以向银行借款。

2. 开放式基金与封闭式基金

按照基金单位变现方式的不同，投资基金可分为开放式基金和封闭式基金。开放式基金是一种基金单位可随时增减，投资者可按基金报价在基金管理人指定的营业场所申购或赎回的基金。封闭式基金事先确定发行总额，在封闭期内基金单位总数不变，发行结束后可以上市交易，投资者可通过证券商买卖基金单位。两者区别如下：

(1) 从基金份额看，封闭式基金在封闭期内固定不变，而开放式基金可以随时变动，它随时接受申购和赎回，因此开放式基金的份额是可变的。

(2) 从基金期限看，封闭式基金有固定的封闭期，期满后一般予以清盘，而开放式基金无预定的存续期限，理论上可以无限期存在。

(3) 从交易方式看，封闭式基金一般在证券交易所上市或以柜台方式转让，只是在基金发起人接受认购和基金期满清盘时交易才发生在基金投资者与基金经理人或其代理人之间，而对于开放式基金，交易一直发生在基金投资者和基金经理或其代理人之间，而基金投资者之间不发生交易行为。

(4) 从交易价格看，封闭式基金的交易价格由市场竞价决定，可能高于或低于基金单位资产净值，而且基金净值一般相隔较长时间(如一月或半年)才公布一次，而开放式基金基本上是每个交易日公布一次。

3. 成长型基金、收入型基金与平衡型基金

按投资风险与收益的目标，投资基金可分为成长型基金、收入型基金与平衡型基金。

(1) 成长型投资基金。它是以资本长期增值作为投资目标，投资对象主要是具有较大升值潜力的中小公司股票和一些新兴行业的股票。这类基金一般很少分红，经常将投资所得的股票红利和盈利进行再投资，以实现资本增值。

(2) 收入型基金。收入型基金以追求当期收入为投资目标，投资对象主要是那些绩优股、优先股、债券和可转让大额存单等收入比较稳定的有价证券，每年一般都会把所得的利息、红利分配给投资者。

(3) 平衡型基金。它的目标是既要追求长期资本增值，又要追求当期收入，这类基金主要投资于债券、优先股和部分普通股。这些有价证券在投资组合中有比较稳定的组合比例，通常把资产总额的 25%～50%用于投资优先股和债券，其余的用于投资普通股，其风险收益状况介于成长型基金和收入型基金之间。

4. 股票基金、货币市场基金、债券基金、指数基金和其他基金

(1) 股票基金。股票基金是以股票(包括优先股和普通股)为投资对象的投资基金，投资目标主要是追求资本成长，投资收益较高但风险也较大，其风险主要来自所投资股票的价格波动上。

(2) 货币市场基金。指投资于各类货币市场工具的基金，如大额定期存单、银行承兑汇票、商业汇票和短期国债等。由于货币市场工具期限短、风险低，因此该类基金的收益相对较为稳定。

(3) 债券基金。债券基金是以债券为投资对象的投资基金。这类基金能保证投资者获得稳定的投资收益，而且风险较小，通常情况下都会定期派息，回报率稳定，适合长期投资。

(4) 指数基金。它是一种为使投资者能获取与市场平均收益相接近的投资回报而设立的功能上类似或等同于某种证券市场指数的基金。该类基金的收益随当期的某种证券价格指数上下波动，始终保持当期的市场平均收益水平，适合稳健的投资者。

(5) 其他基金。主要包括期货基金、期权基金、认股权证基金等以金融衍生品为投资对象的基金。

5. 私募基金和公募基金

公募基金是指以公开方式向不确定的社会公众投资者募集资金而设立的基金。

私募基金指通过非公开方式面向少数机构投资者和富有的个人投资者而设立的基金，它的销售和赎回都是通过私人与投资者协商进行的，一般以投资意向书(非公开的招股说明书)等形式募集资金。国际上私募基金的主要构成形式就是对冲基金。

6. 对冲基金

对冲基金，即"风险对冲过的基金"，原意是利用期货、期权等金融衍生产品，对相

关联的不同股票空买空卖，在一定程度上可规避和化解证券投资风险，是一种以最新的投资理论为基础，运用极其复杂的金融市场操作技巧，并充分发挥各种金融衍生产品的杠杆效应，承担高风险，追求高收益的投资模式。

与一般证券投资基金相比，对冲基金具有以下特点：

(1) 筹资方式基本上采用私募形式。由于对冲基金的高风险性和投资机理的复杂性，许多国家都禁止其向公众公开招募资金，故对冲基金一般采取合伙人制，合伙人通常控制在 100 人以下，而且合伙人提供大部分资金但不参与投资活动，以保证其操作上的高度隐蔽性和灵活性。基金管理者以资金和投资技巧入伙，负责基金的投资决策。

(2) 较低的信息披露要求。各国对一般证券投资基金的信息披露都有严格的要求，以保护中小投资者的利益，由于对冲基金多为私募性质，从而规避了法律对其信息披露的严格要求。

(3) 高难度的操作。一般的证券投资基金操作上相对透明、稳定，在投资工具的选择和比例上有确定的方案，同时还不得利用信贷资金进行投资。对冲基金则不同，它可以运用一切可操作的金融工具和组合，最大限度地使用信贷资金，谋取超额回报。因此，证券投资基金更具投资性，而对冲基金极富投机性。

任务二：基金的业绩评价

基金的业绩评价是对基金经理投资能力的衡量，其目的在于对基金的业绩进行客观的评价，为投资者选择基金提供参考。对于一般投资者而言，对基金最基本的印象就是来自基金净值的公布和基金评级公司对基金的评价。其实投资者可以初步了解一些基金评价的方法，对目标基金进行一个评定。

仅通过衡量基金净值或平均收益率，无法反映基金所承受的风险程度。20 世纪 60 年代，随着金融经济学中的一些开创性理论尤其是 CAPM 理论的提出，西方学者研究、开发出几种基金业绩的有效评价方法，其中最具代表性的主要有 Treynor 业绩指数、Sharp 业绩指数和 Jensen 业绩指数。

1. Treynor 业绩指数

Treynor 业绩指数采用系统风险与收益对比的方法来评价基金的业绩，其计算公式为

$$T_P = \frac{\overline{R}_P - \overline{R}_f}{\beta_P}$$

式中：T_P——Treynor 业绩指数；

$\overline{R}_P$——考察期内基金 P 的平均回报率；

$\overline{R}_f$——考察期内的平均无风险收益率；

β_P——基金 P 的系统风险。

如果指数越大，则表明基金的绩效表现越好，但 β_P 指的是系统风险，可以看到，在 Treynor 业绩指数中假设投资组合的非系统性风险完全分散掉了，在计算过程中只考虑系

统风险。事实上由于组合的不同,不同基金的非系统性风险是不一样的,因此 Treynor 业绩指数无法衡量基金投资组合的风险分散程度。

2. Sharp 业绩指数

Sharp 业绩指数是由诺贝尔经济学奖得主 William Sharp 于 1966 年提出的另一个衡量指标,它通过总风险(系统风险和非系统风险)与收益的对比来衡量基金的业绩。计算公式如下:

$$S_P = \frac{\overline{R}_P - \overline{R}_f}{\delta_P}$$

式中:S_P——Sharp 业绩指数;

　　　δ_P——基金的标准差;

　　　$\overline{R}_P$——考察期内基金 P 的平均回报率;

　　　$\overline{R}_f$——考察期内的平均无风险收益率。

与 Treynor 业绩指数假设投资组合的非系统性风险被完全分散不同,Sharp 指数用总风险来衡量基金的风险水平。就这一点而言,Sharp 指数更接近证券市场的实际情况,比 Treynor 业绩指数更全面一些,但在实际运用中总风险到底是多少还是很难衡量的。

3. Jensen 业绩指数

美国金融学家 Michael Jensen 认为,将投资组合的实际收益率与具有相同风险水平的虚构投资组合的期望收益率进行比较,二者之差可以作为绩效优劣的一种衡量标准,计算公式如下:

$$\alpha_P = R_P - E(R_P)$$

实际运用中,通过以下公式回归得到指数的公式:

$$R_{Pt} - R_{ft} = \hat{\alpha}_P + \hat{\beta}_P(R_{mt} - R_{ft})$$

或

$$\hat{\alpha}_P = R_P - [\overline{R}_f + (\overline{R}_m - \overline{R}_f)\hat{\beta}_P]$$

式中:

　　　R_{mt}——市场指数收益率;

　　　R_{ft}——无风险收益率;

　　　$\hat{\alpha}_P$——α_P 的最小二乘估计;

　　　$\hat{\beta}_P$——β_P 的最小二乘估计。

从以上公式可以看出基金经理进行投资组合时取得的实际收益,是基金经理所掌握的公众信息和额外信息价值之和,实际收益超过必要收益的部分即额外收益,表明额外信息的价值。额外收益越大,表明基金经理所掌握的额外信息越多,该基金经理的能力越强,基金业绩越好。

项目五　个人金融投资规划的设计与资产组合策略分析

任务一：个人金融投资规划影响因素分析

一、投资者个人和家庭的生命周期分析

一般来说，理财顾问在对客户进行投资规划设计时，首先要对客户的财务状况、理财目标、风险承受能力进行分析。尽管每个客户都有独特的条件和目标，但也存在共性，处于生命周期各阶段的投资者个人或者家庭往往面临相似的理财目标、收入状况和风险承受能力，这就是生命周期理论。

1. 个人投资者的生命周期

总的来说，投资的目的是把购买力从当前转移到未来。投资者为了某种原因会推迟对商品或服务的消费，投资组合就是为满足这种需求而进行的一种价值在不同时间上进行分配的设计。具体来说，投资的目的有以下几种：① 应付财务紧急状况或财务危机的需要；② 未来特定支付的需要，例如购房支出、购车支出等；③ 为退休做准备；④ 留给后代继承的财产。

之所以关注投资者的生命周期，是因为投资者在不同的生命阶段具有不同的财务状况、不同的资金需求(这种需求起源于投资者所处生命阶段的不同，从而个人和家庭财务状况不同)，这决定着投资者的投资数量和投资目标有所区别，从而投资产品的配置不同。或者可以说，规划投资者的生命周期，其目的在于划分投资者所处的财务生命阶段，分析其在不同阶段的不同财务状况、不同投资需求，从而对其进行有效的个人投资规划设计。

划分投资者的生命周期并不是划分其生理生命周期，而是划分其财务生命周期。一般而言，投资者的财务生命周期可以划分为以下几个阶段：累积阶段(Period of Accumulation)、巩固阶段(Period of Preservation)和支出阶段(Period of the Use of the Investor's Assets)。

(1) 累积阶段。处于累积阶段的个人投资者会有相对稳定的收入来源，但住房、交通、教育的支出往往会超出收入，使投资者的债务增加。处于这一阶段的投资者往往开始积累资产，但净资产值则较小。他们通常具有较长的投资期限和不断增长的盈利能力，所以会进行一些风险较高的投资以期获得高于平均收益的收入。

(2) 巩固阶段。处于巩固阶段的个人，其收入超过了支出，投资者债务开始减少，并积累资产，为未来的退休生活提供保障。该阶段的规划重点有所改变，从单纯的积累资产转变为巩固现有资产与积累资产并重。这一转变使投资者的投资特点也发生了变化，即投资具有长期性，且中等风险的投资对他们更具有吸引力，在获得收益的同时，保住现有的资产。

(3) 支付阶段。当个人退休时，往往进入了支付阶段。在这一阶段，个人一般不再有

薪水或工资收入，其生活费用由社会保障收入和先前投资收入来提供。尽管此时人们会选择低风险的投资来保住储蓄的名义价值，但仍会进行一些高风险的投资以抵补通货膨胀对资产造成的损失。

在投资生命周期内，个人有各种各样的投资目标，如表 3-1 所示。近期的高优先目标通常是那些短期的财务目标，如住房贷款的首付款、读高中的子女的大学学费等，对于这类目标，一般不选择高风险的投资工具。长期的高优先目标通常具有在一定年龄退休的条件，由于这些目标具有长期性，可以用高风险投资工具来达到这些目标。

表 3-1 处于不同阶段个人的投资目标

投资者类型	短期目标	长期目标
大学高年级学生	租赁房屋； 获得银行的信用额度； 满足日常支出	偿还教育贷款； 开始投资计划； 购买房屋
20 多岁的单身青年	储蓄； 购买汽车； 进行本人教育投资； 建立备用基金； 将日常支出削减 10%	进行投资组合； 建立退休基金
30 多岁的已婚投资者 (子女尚幼)	将旧的交通工具更新； 子女的教育支出； 增加收入； 购买保险	进行子女教育基金的投资； 购买更大的房屋； 将投资工具分散化
50 岁左右的已婚投资者 (子女已成年)	购买新的家具； 提高投资收益的稳定性； 退休生活保障投资	出售原有的房产； 制订遗嘱； 退休后的旅游计划； 养老金计划的调整

2. 投资者家庭的生命周期

投资者个人的财务生命周期固然十分重要，但每一个投资者都不仅仅是在个人的角度上，而是在整个家庭的财务基础上来进行投资规划的。如同产品的生命周期包括研发期、成长期、成熟期和衰退期一样，对家庭我们也可以进行相似的划分，即家庭的形成期、成长期、成熟期和衰老期。

(1) 家庭的形成期指从结婚到最小的子女出生为止。这一阶段，支出随家庭成员的增加而不断增加，储蓄不断减少。如果决定购置住房，负债会十分沉重，可积累的资产很有限。但由于家庭成员年轻，可以承受较高风险的投资。

(2) 家庭的成长期是指从最小的子女出生到其完成学业为止。这一时期，支出主要集中在子女的教育费用上，但由于家庭成员不再增加，因此支出趋于稳定，并且可预见性增强。储蓄会趋于稳定，随着收入水平的逐渐提高，可累积资产逐渐增加，投资开始有所增加。如果存在负债的话，负债余额会逐渐减少。此时可以分散一部分投资到较高风险的投资工具上。

(3) 家庭的成熟期是指从最大的子女完成学业到夫妻均退休为止。由于子女逐渐取得收入并独立，因此家庭收入增长很快，支出减少，储蓄增长很快，资产积累达到高峰，并逐渐为退休做准备。

(4) 家庭的衰老期是指从夫妻均退休开始到最后一人过世为止。这个时期不再拥有工资收入，收入主要来源于理财收入或转移性收入，储蓄和资产逐渐减少，医疗支出增加。这一阶段投资以低风险为主。

投资产品具有不同的特点，如收益性、流动性、风险、税收特征等。在个人和家庭的不同生命周期阶段，由于具有不同的财务特征，因此需要不同特点的投资组合，以满足不同的财务需要。如在子女很小或自己获得收入的能力很强时，流动性需求强烈，所以流动性好的投资工具在理财规划中应占据较大比例；而在家庭的形成期至衰老期，高风险的股票等金融工具的投资则应逐渐减少。

二、财务分析

个人和家庭不同时期的财务状况不同，而且即使对处于同一生命周期的个人或者家庭来说，也会存在财务状况的差别，有的富裕、收入水平较高，而有的则可能只是一般水平，进行投资规划时必须首先对规划对象的财务状况予以考察。对财务状况的考察包括对资产、负债、人力资源(未来收入)的分析。资产不仅包括通常意义上的金融资产，如股票、债务、银行存款、保险年金、外汇以及持有的现金等，还应该包括住房、汽车、个人拥有的实业等。而负债则包括所欠银行的贷款(如住房抵押贷款、汽车消费贷款、装修贷款)以及从亲戚朋友那里借来的资金等。未来的收入也是个人财务状况分析时的一个重要方面，而人力资源则可以看成是该未来收入流的贴现值。对于有的家庭来说，收入稳定，因此人力资源这一项资产的风险就比较低，那么该家庭的其他资产的风险承受能力就会比较高；反之，如果收入的不确定性较高，这就意味着家庭人力资源这项资产的风险较高，而对于一般意义上的投资资产，风险的承受能力就弱。

三、税收

税收在个人投资组合的构建中起着十分重要的作用。首先，不同的金融工具具有不同的税收特征，投资者在做出投资决策时，会把税收作为收益的减项加以考虑。其次，投资者同时作为消费者，也会面临不同的税收待遇，从而影响到个人的支出计划，进一步会影响到投资者的理财规划。

在美国，一个典型的避税的例子是市政债券，这些债券通常被称为免税债券，因为许多州或市政债券的利息是免联邦所得税的，如果投资者是本州或当地的居民，州或当地的利息收入税也是免除的，对于拥有庞大资产而每年都会孳生很高收入的富人来说，这种免税债券极具吸引力。而减税的例子是购买房产获得抵押贷款和财产税的减免，购买房产从某种意义来说也是一种投资，这种与家庭财产相关的支出可以享受联邦税的扣减，因而使得对家庭财产所有权的投资成本降低，比较具有吸引力。税收延迟的例子是递延税款养老金账户，个人存入注册养老金账户的当年收入和由这些收入产生的投资收入，只要不从账户中取出，不需缴纳所得税。当退休后个人无工资收入的时候，从养老金账户中提取的年金收入则按当年的收入水平缴纳个人所得税。由于这时个人的收入已处于较低的水平，所得税率应有所下降，而且赋税也延迟了相当长的时间(一般平均20~30年)。注册养老金账户的延迟赋税和降低赋税率的功能大大降低了个人所得税的支出。

而在我国，国家为了鼓励企业和个人进行投资和再投资，一般不对企业的留存未分配收益课征所得税。个人为了不使所得税课及自己的投资额，往往把自己的投资所得留存到企业账上，作为对企业的再投资。而企业可以把这笔收益以债券或股票的形式计入个人的名下，避免了缴纳个人所得税。因此，正是出于避税的考虑个人持有了很多流动性差的非交易股权或债权。

四、时间

时间在投资中是至关重要的因素。投资工具的期限不但影响到投资的回报，还会对投资风险产生重要影响。在一本颇为流行的投资指南书《长期投资的股票》(Stocks for the Long Run)中，作者指出，如果投资期限足够长，那么投资普通股的收益将远远高于债券和其他的保值工具(如黄金)。

尽管这种经验已被广泛用于投资规划之中，但是从理论上来说这与我们前面提到的收益是风险的补偿，以及有效市场的随机游走理论是不一致的。这种经验来自一个事实，而金融投资长期看来是一波比一波高，但一个大的波段可能长达5~7年，如果投资时处于波峰，需要资金时，可能会遭受变现损失。而如果投资期限够长，则可能会跨越几个周期，最终找到一个合适的点平仓，赚取收益。

因此，在进行投资规划的时候，对投资者的投资期限的了解相当重要。如果投资期限较长，有三五十年时间，那么应该加大对股票的投资，因为股票投资这种在短期内看似风险较高的投资工具从长期来看却是收益高、风险却低。反之如果期限较短，那么股票投资的风险就会相当高，为规避风险，应该持有收益比较稳定的资产，例如债券、国库券、黄金等。

投资期限之所以对资产配置有重要的影响还有另外一个方面的原因，即复利效应。由于复利的作用，期限越长，收益率的差异带来的资产的最终价值的差异越显著。例如两种资产，股票和债券，股票的平均收益率为10%，而债券的平均收益率为3%，如果投资期限为50年，那么1元钱投资于股票和债券的最终价值分别为117.39元和4.38元，二者相差近27倍。但是如果投资期限只有两年，那么两种投资的最终价值则分别为1.21元和1.06元，差异很小。因此，对于期限较短的投资来说，收益率高低并不是最主要的，最主要的考虑因素应该是投资的风险，因为一旦亏损，就会导致短期的理财目标无法达成。

五、投资者态度及其投资特点

投资者的态度主要是指投资者对不同的收益风险配比所持有的态度，简单来说就是宁愿接受较低的收益率而回避风险，还是追求高收益率而愿意承担高风险。投资者对风险的不同态度，决定了其在不同的投资期限间进行选择。

投资者对损失收益和本金的风险承受能力受到许多因素的影响，主要表现在以下几个

方面:

(1) 投资者本人的工作收入情况及其工作的稳定性;

(2) 投资者配偶工作收入情况及其工作的稳定性;

(3) 投资者及其家庭的其他收入来源;

(4) 投资者年龄、健康、家庭情况及其负担情况;

(5) 任何可能的继承财产;

(6) 任何投资本金的支出计划,如教育支出、退休支出或任何其他的大宗支出计划;

(7) 投资者对风险的主观偏好;

(8) 生活费用支出对投资收益的依赖程度等。

风险承受能力直接决定投资者对投资工具的选择、对收益率水平的期望、对投资期限的安排等方面。下面从年龄、理财目标的弹性和投资者的主观风险偏好这三方面做一些详细说明。

(1) 年龄。投资者年龄越大,能够承担的投资风险越低。如果把一生中可用来投资的钱分为两部分:一部分是过去的储蓄,另一部分是未来的储蓄。以 40 年工作期作为累积储蓄的期限,年龄越大,过去的储蓄越多,未来的储蓄部分越小。过去储蓄的累积为现在的资产,是现在承受风险的头寸;未来储蓄则可以当作现在资产的减值在以后期限的分摊。对于刚刚踏入社会的年轻人,过去的储蓄部分小,表示现在承担风险的能力弱,但未来的储蓄部分大,表示以后分摊的本金多,因此可以承担较高的风险。反之,即将退休的人,过去的储蓄部分多,表示可往后平摊的本金少,因此无法承担高风险。至于退休以后已无工作收入,仅靠理财收入维持生活的人,若生活费需求已动用到本金,而本金又投资到高风险的投资工具上时,此时已无任何平摊本金,需求资金时只能卖出部分投资工具,就可能遭受价格损失。即使未来价格能够恢复到理想水平,由于资产数量减少,亏损难以弥补。

另外,工资收入有不断增高的趋势,过去的损失较容易以现金或未来的收入弥补,年轻人可以较充分地享受这种优势,而即将退休的人则对这种有利的情况享受时期较短。

(2) 理财目标的弹性。理财目标的弹性越大,可承受的风险也越高。如果理财目标短并且完全无弹性,则投资存款、国债是最好的选择。例如出国旅游计划,如果投资顺利,则可以到欧洲旅游,如果投资效果较差,则可选择旅游费用便宜的新加坡、泰国等。这样,即使是短期计划,也可以承担较大的风险。

(3) 投资者的主观风险偏好。除上述客观条件外,每个人天生的冒险性格不同,对损失风险的承担程度会呈现很大的不同。这种主观偏好常常会凌驾于上述客观条件之上,成为决定最后投资工具选择或投资组合配置的关键性因素。

需要说明的是,投资者对风险的态度不是一成不变的,随着时间的推移和经济、金融环境的变化,投资的大环境会发生变化;随着新产品在金融市场的不断推出,也会产生新的收益风险组合,扩大投资者的选择范围,一定程度上会改变投资者对风险的承担程度;更加重要的是,投资者在不同时期财务状况不同,直接改变投资者对风险的承担能力,使投资者对风险态度发生改变。

六、其他因素

其他因素包括消费、投资习惯、社会保障体系等。从消费、投资习惯这一角度来看,有的家庭倾向于购房，有的则更倾向于投资实业，而有的个人擅长炒股而愿意持有更大比例的股票等。从社会保障体系来看，缺乏社会保障体系会使得人们在资产配置时更加谨慎。此外，还存在东方传统消费观念和消费习惯的影响。

> **★★★ 学以致用**
>
> 选取某一家庭，根据在营销阶段获取的信息资料，从以上六方面进行分析，并确定其投资目标。

任务二：根据客户投资目标，选定合理的资产配置策略和资产配置规划

个人在确定了理财目标后，需要构建一个投资组合来实现目标。即把资金投资在不同的实物资产或金融工具上，以及同种实物资产或金融工具的不同个别产品上以实现在特定风险的基础上设定的收益水平，或在特定的收益水平上尽量降低风险，这样的一个过程就是资产配置。

一、资产配置的含义

资产配置从广义上来讲是把个人资产配置到不同类型的资产上，决定各种资产的比例，属于个人理财计划的一部分；从狭义来讲仅仅指对资产种类的选择或根据市场或经济的变化来不断地修正投资组合，是一种操作层次上的定义。对应上述定义，资产配置实际上分别是以资产配置的规划、市场择时和资产组合多样化的形式出现的。

1. 资产配置规划

资产配置规划可以用一个双目标例子来说明，即个人的财务目标为预防可能出现的流动性危机和规划未来的退休生活。根据所处的不同时期使资产保持不同的比例，需要对资产进行动态监控。因为证券的价格每时每刻都在变化，因此需要随时调整证券比例。这显然需要大量的时间和精力，而且是不必要的，因此实际上往往是设定一定的范围，而非某一定时点。

2. 市场择时

资产配置也可理解为根据预期的市场或经济变化转换资产组合以回避风险或利用有利的市场变化，例如预期利率下降时，一个含有80%增长型股票和20%货币市场基金的投资组合可以调整为20%的债券、60%的利率敏感型股票和20%货币市场基金。而在预期通货膨胀的情况下，可能会导致对资产组合完全相反的调整，如从固定收益证券调整为价格随通货膨胀而上涨的资产。

上述情况的一种引申是对一类特定的被误定价的证券的调整。如果投资者认为某种证券定价过高，可以卖出该种证券；而如果认为某种证券定价过低，则可以增加投资组合中

该种证券的持有比例。但这种资产配置方法也颇受争议，根据有效市场理论，市场价格已完全反映了所有的信息，因此投资者不可能从交易中获得超额收益，反而会因频繁的交易导致税收和交易成本的增加从而降低收益率。

3. 选择证券以实现投资多样化

证券种类的增加使投资者的可行集和有效集都会增加，不但使投资者的可选范围拓宽，而且使投资者在获取同样收益水平的情况下减少承担的风险。

二、资产配置的步骤

构建一个投资组合，需要以下几个步骤：

(1) 制定投资策略，即选择哪些类型的资产，每种资产的投资比例是多少；

(2) 选择时机，即在什么时候构建、调整投资组合；

(3) 选择具体的证券，构建投资组合。

国外的有关研究表明，在资产配置中85%～95%的全部投资收益来自第(1)步中对长期资产分配的决策；第(2)、第(3)步决策的贡献非常小。有的研究甚至得出择时、选择具体证券实际上会减少平均收益，同时增加了收益的波动性。与之相对的被动式的购买股票指数的投资策略反而可获得高于上述策略的收益率。

与投资收益相对的是投资的风险。投资风险通常用收益的波动性——收益的标准差来衡量。我们知道，高收益对应高风险，各种资产的收益和风险是不同的，制定投资策略时，要根据投资者的具体情况来确定投资类别和比例，以使风险和收益合乎投资者的要求。组合中不同类型的资产配置有利于减少组合收益的波动性，但风险也很大程度上是在资产分配决策时确定的。

综上所述，决定长期内大多数投资组合的收益和风险是资产的配置决策，而不是具体股票和债券的选择。至于择时、选择具体证券只发挥较小的作用。

三、资产配置策略

 学以致用

根据营销阶段获得的信息，确定投资者的在风险偏好方面的投资类型，并为其确定合适的资产配置策略

(一) 长期资产配置战略

1. 长期资产配置过程

长期资产配置包括资产类别选择、投资组合中各类资产的适当搭配以及对这些搭配资产进行适时管理。其过程如下：

(1) 确定资产配置目标。在投资组合中以某种方式将资产配置在一起，以满足投资者在一定风险水平上回报率最大的目标。这个过程包括四个核心要素：第一，投资者需要确

定投资组合中合适的资产；第二，投资者需要确定这些合适的资产在持有期间或计划范围的预期回报率；第三，在对回报率和风险做出估值后，运用最优化技术找出在每一个风险水平上能够提供更高回报率的投资组合结构；第四，是在可容忍的风险水平上选择能提供最优回报率的投资组合。

(2) 圈定资产配置投资领域。通常包括普通股票、债券和货币市场工具这些主要资产类型，而如今投资者已经把诸如国际资本市场上的股票、非美元债券也列入了被选的资产类型，有的投资者把房地产和风险资本也吸纳进来，进一步拓宽了投资的范围。

(3) 权衡资产配置收益风险。在选定投资范围后，投资者还需要估计证券和资产类型的潜在的回报率的期望值和其承担的风险。估计证券之间风险与回报率关系的基本方法有两种：第一个是假定未来与过去相似，可以根据过去的经历推测未来；另一种方法是情景法，即建立适当的经济情景，并估计个情景下的回报和风险。在此基础上，制订能提供最优风险——回报率的资产组合。

(4) 选择满足投资者需要的投资组合。一方面，对于风险有高容忍力的投资者将选择较高风险的投资组合，可能是这些投资者为获得较高的回报率，而愿意容忍有较高的概率未能实现特定最低回报率。另一方面，对风险有低容忍力的投资者将选择较低风险的投资组合，他们可能对实现特定最低回报率更感兴趣。

2. 长期资产配置的方法

长期管理资产组合时，投资者有以下三种方法可以采用。

(1) 购买并持有法。即一旦确定恰当的资产组合，将在适当持有时间(如 3～5 年)保持这种组合。这种方法是消极型的，具有最小的交易成本和管理费用，但不能反映环境的变化。购买并持有战略的特征是购买初始资产组合，并在长时期持有这种组合。不管资产相对价值发生怎样的变化，这种方法也不特意进行积极的再平衡，是一种便于操作和分析的简单方法。

(2) 恒定混合法。这种方法是按长期保持投资组合中各类资产的恒定比例而设计的。恒定混合法保持投资组合中各类资产的固定比例。例如，对于一个 60/40 的股票与货币市场组合，为保持这一组合，投资者需要在股票市场变化时，对投资组合进行再平衡。当股票市场价值上涨时，股票在投资组合中的比例将上升，所以，投资者需要在股票市场上升时卖出股票并且再投资于货币市场；反之，当股票市场下跌时，股票在投资组合中的比例将变小，投资者需要减少在货币市场的资产，并且再投资于股票。

(3) 投资组合保险法。这种方法在本质上最具有动态性，所需要的再平衡和交易的程度最高。其目的是在获得股票市场的预期高回报率的同时，限定下跌的风险。投资组合保险法的一种简化形式就是著名的恒定比例投资组合保险(CPPI)，它比更著名的以期权为基础的投资组合保险使用起来简单得多。

(二) 战术性资产配置策略

战术性资产配置是一种积极的资产管理方式，它根据市场与经济条件的变化，通过在各大市场之间变换资产分配，从而提高投资组合收益。战术性资产配置也可以被看作适时管理资产组合的方式之一。

四、资产分配与投资者偏好

一般来说,保守型客户的资产分配策略主要是在确保资产安全的基础上获得稳定的收入,投资于风险较低的现金和国内定息比例高达 25%和 45%,而风险较高的股票投资则低至 15%。这样的投资组合在短期内一般不会出现重大亏损,而长期来说可以获得比较稳定适中的资本增长收益。

轻度保守型客户的资产组合也非常强调收入的安全性以及长期稳定的资本增长。组合产生的收入流相对比较稳定,而且由于有一部分股票和房地产投资,还可以产生一定的避税收益。

均衡型客户在各种资产类型之间的分配相对比较均衡,并且从长期来说可以在收入与资本增长之间获得一个比较好的平衡。但长期来看会有一定程度的波动,相应的也有可能会给客户带来损失。由于有更大比例的股票和房地产投资,因而税收方面的利益也会较多。

轻度进取型客户的资产组合策略更多的是强调资产价值的增长,而较少考虑取得现金收入的需求。资产中往往有超过一半的资金投资在股票等高风险的资产上,而现金投资、固定利息投资所占的比例则较小。同时,股票、房地产等投资的高比例也意味着资产组合的市值波动会比较频繁,波动范围也会较大,出现亏损的可能性较高。

进取型客户的资产组合策略强调的是中长期收益最大化。资产组合中股票和房地产等高风险、成长性的资产占绝大部分,因此市场状况的波动会给资产组合的市值带来很大影响。

 小知识:个人投资方式:直接持有还是购买基金

个人的投资方式可以分为两类:一是直接投资,即通过定期储蓄、直接持股、直接拥有房地产等方式进行投资,投资者本人自己管理资产组合;二是间接投资,即投资者个人委托专业的基金管理公司、财务公司等进行投资。这两种方式各有优缺点,采用哪一种方式要根据客户的具体情况确定。例如,如果客户的财务策划知识很有限,手头的资金也不多,而且不希望在投资管理上花费过多的时间,这样的客户就比较适合采用间接投资的方式。但如果客户本身具有一定的财务策划知识,而且希望通过对投资的恰当管理获得较高的回报,那么他应当采用直接投资的方式。尽管间接投资可以让客户在不用花费过多精力的情况下获得一定的回报,但与直接投资相比,间接投资一般要支付更多的佣金、管理费等交易成本,而且也无法对具体的投资品种进行有效控制和及时调整。

是自主投资还是将资金委托给基金公司等理财机构进行管理在于对它们各自优缺点的比较,简单地说就是对基金公司等专业理财机构投资优缺点的权衡。

投资于基金等专业理财机构有如下优点:

(1) 专家管理。基金是由每天做出投资策略的专业基金经理来运作和管理的。即使投资者相信资本市场是有效的,并且专业的基金经理无法战胜市场和大部分投资者,投资者仍然从投资基金中节省出管理投资所需要的时间和精力。

(2) 广泛的、多样化的投资。对于一个独立的投资者来说，基金可以利用其规模优势来投资于多种领域，典型的基金投资组合都持有覆盖 15~20 个行业的不少于 50 只的股票，通过购买基金，小投资者可以达到投资的多样化。

(3) 获得更加可信赖的风险评估和业绩评估。风险的估算在应用投资组合时比应用于一只股票时更加可靠和准确，可以利用基金的历史数据来客观地、有根据地对一只基金的风险和收益进行估算。

另外投资基金还可以使投资者在交易的记录与证券的保管、买卖方式的灵活性、自动再投资等方面拥有优于自己投资的优势。

同时，投资于基金也有如下一些缺点：

(1) 管理费。

管理公司会就管理投资、基金运作、管理投资者的账户和安全保管资产等事项每年向投资者收取管理费。由于该费用根据投资者投资额的百分比来计算，因此通常称为管理费用比例。

(2) 短期投资的高成本。

很多共同基金都收取前端费用或后端费用或两者兼收。对短期持有基金的投资者来说，费用是非常高的。因而基金更适合那些进行长期投资、购买并持有的战略投资者，而不适合短期持有或经常进行交易的投资者。但国债和货币市场基金除外，它们是现金的等价物，不收取高额费用。

(3) 对巨额赎回敏感。

金融市场受市场投资者群体心理的影响是很大的，投资者有时会像羊群一样进行一致的行动，这个现象会导致巨额赎回的发生，会迫使基金经理在不利的时机卖出股票或其他投资品种来满足赎回的要求，因此，投资者的投资会对市场的群体心理非常敏感。

(4) 专家理财不绝对可靠。

基金管理被投资者不停地进行比较，因此面临巨大的压力，使得有些基金经理追求短期的表现而非长期的业绩。此外，绝大多数基金的规模都很大，它们必须进行大额的买卖以至于投资组合的任何重要变动都会对市场价格产生影响，基金经理不一定能够低买高卖。

尽管基金同时具有优缺点，一般认为，对普通投资者来说，投资基金是进行投资的最佳选择。但投资者应当知道如何选择适合的基金。一般来说，投资者应当做好以下几件事：首先是收集信息，即投资者必须知道如何阅读每日/周的市场报价和打算购买的基金的招募说明书。其次，投资者必须知道如何评价其关注的每只基金的风险和回报。第三，投资者必须知道如何评价由数只基金或其他的投资构成的投资组合的风险和回报。第四，投资者必须定期地检查其投资结果，并在必要时做出调整。

综 合 练 习

某家庭一家三口，男主人陈某，为私营企业主，年收入 12 万元，女主人刘某，为某中学教师，年收入 6 万元，小孩十三岁，在某初级中学上学。该家庭期初资产负债表如表

3-2 所示。

表 3-2 家庭期初资产负债表

资产项目	原价/元	现值/元	%	负债项目	金额/元	%	净值	金额/元	%
现金				信用卡余额			流动净债	50 00	3.65%
人民币存款	50 000	50 000	3.65%	分期付款余额			生息净债	407 120	29.74%
流动资产小计	50 000	50 000	3.65%	贷记卡余额			自用净债	512 000	37.39%
国内股票				其他消费贷款			小计	919 120	70.78%
国内基金	50 000	50 000	3.65%	小计					
房产投资	700 000	757 120	55.30%	证券融资余额					
经营资本投入				房产投资贷款	400 000	29.22%			
预付款				小计	400 000	29.22%			
投资资产小计	750 000	807 120	58.95%	自用房地贷款					
自用房地产	500 000	500 000	36.52%	自用汽车贷款					
自用汽车				小计					
退休年金	10 000	10 000	0.73%	合计	400 000	29.22%			
公积金	2000	2000	0.15%						
其他自用资产									
自用资产小计	512 000	512 000	37.40%						
合计	1 312 000	1 369 120	100.00%						

请根据以上信息，完成以下任务：

(1) 分析该家庭金融资产结构；

(2) 根据当前金融市场情况简要评述该家庭金融资产配置存在的问题并提出改进建议。

模块四

家庭保障规划

　　家庭保障是指在家庭内部、家庭成员之间相互提供包括经济保障、服务保障和精神慰藉等内容在内的生活保障机制，它在保障社会成员的生活方面通常与国家和社会负责的社会保障并驾齐驱。加强家庭保障，做好家庭保障规划，能帮助个人(家庭)规避家庭财务风险，即依赖现有社会保障体系、企业年金和个人商业保险等防范化解未来一段时期内个人(家庭)可能面临的财务风险。

本模块目标 ▶▶ ●●●

知识目标

(1) 理解家庭保障内涵

(2) 了解我国社会保障体系基本框架；

(3) 熟悉我国社会保障体系的具体内容；

(4) 掌握养老规划的几个财务安排工具；

(5) 熟悉家庭风险的构成；

(6) 掌握家庭风险评估、防范方法。

技能目标

(1) 能理解养老规划财务安排工具的内涵，能熟练运用相关财务安排工具；

(2) 完成家庭风险评估和风险防范；

(3) 利用不同养老规划工具撰写相应的个人(家庭)养老规划报告。

素质目标

(1) 培养良好的工作纪律观念，敬业爱岗；

(2) 培养认真做事、细心做事的态度；

(3) 培养良好的语言表达能力及团队协作意识；

(4) 培养正确的理财观念。

项目一　我国社会保障体系

　　我国多层次的社会保障体系框架已经基本形成，主要包括社会保险、社会救助、社会福利、慈善事业等基本保障部分和补充社会保险、商业保险等补充保障部分，其中社会保险是基本保障的主体和核心部分。党的十五届四中全会《关于国有企业改革和发展若干重大问题的决定》(以下简称《决定》)强调要构建多层次的社会保障体系，并明确了以下改革重点：

　　第一，推进城乡居民最低生活保障制度统筹发展。目前，我国以城乡居民最低生活保障制度为核心的城乡社会救助体系基本形成，在多层次社会保障体系中是第一支柱，发挥着重要的兜底保障作用。在未来城乡一体化发展进程加快的新形势下，城乡居民最低生活保障制度建设的着力点要逐步转向城乡统筹发展，重点是推进制度整合和待遇衔接，努力消除城乡制度上的差异，逐步缩小待遇标准上的差距。

　　第二，建立健全符合国情的住房保障和供应体系。经过多年的实践探索，我国住房保障制度改革取得了重要进展和宝贵经验。今后一个时期，要继续推进住房保障制度改革，整合发展以公共租赁住房为主要形式的住房保障模式，探索建立更加符合我国国情的住房保障制度。以增强针对性、有效性、公平性为重点，积极探索保障性住房建设、分配、管理的有效方式，建立更加完善的保障房供应体系，切实解决住房困难群众的住房问题。建立公开规范的住房公积金制度，改进住房公积金提取、使用、监管机制，着力提高住房公积金使用效率。

　　第三，积极发展补充社会保险和商业保险。企业年金、职业年金等补充社会保险和各类商业保险，是我国社会保障体系中的第三支柱。《决定》特别提出，要制定实施免税、延期征税等优惠政策，加快发展企业年金、职业年金、商业保险，构建多层次社会保障体系。

　　第四，加快建立社会养老服务体系。随着我国快速进入人口老龄化社会，老年人的社会服务保障问题越来越突出，党和政府高度重视，社会各界普遍关注。为了积极应对人口老龄化，让越来越多的老年人安度晚年，必须加快建立社会养老服务体系，大力发展老年服务产业，更好地满足老年人特殊的服务保障需求。要动员社会各方面力量加快养老院、老年公寓、老年活动室等老年服务基础设施建设，积极发展老年护理、保健等老年服务产业。

　　第五，健全特殊群体的服务保障制度。一是健全农村留守儿童、妇女、老年人关爱服务体系。要健全组织领导体系，建立领导责任制和相关部门工作协调机制。要健全服务体系，重点围绕留守人员的基本生活保障、教育、就业、卫生健康、思想情感等方面，实施有效的关爱服务。要健全保障体系，加强相关基础设施建设，完善社会救助、就业扶持等政策。要加快完善农村劳动力输入地的户籍政策和享受基本公共服务政策，使更多的留守人员尽快融入城市生活，积极解决两地居住问题。二是健全残疾人权益保障制度，重点是要健全残疾人基本医疗、康复服务体系，落实各类用人单位按比例安排残疾人就业制度，为残疾人就业创业提供政策扶持，将残疾人纳入社会保障制度，加强残疾人权益法律保护，大力营造尊重残疾人的良好社会氛围，真正让残疾人平等享有各种社会权益。三是健全困境儿童分类保障制度。针对我国儿童福利事业发展面临的新形势，要在孤儿国家保障制度的基础上，坚持总体规划与分类保障相结合，进一步明确困境儿童保障工作责任主体，完善工作机制和监管机制，加强政策制度创新和服务体系建设，加快探索建立困境儿童分类保障长效机制。

任务一：我国社会保障体系基本框架

社会保障是以政府为责任主体，依据法律规定，通过国民收入再分配，对暂时或永久失去劳动能力以及因为各种原因导致生活困难的国民给予物质帮助，保障其基本生活的制度。

社会保障之所以受到世界各国的重视，发展社会保障事业之所以成为各国政府的基本施策方针，是因为它具有其他制度无法相比的独特功能。概括起来，这种功能体现在四个方面：

(1) 人民生活的安全网。保障人民群众在年老、失业、患病、工伤、生育时的基本收入和基本医疗不受影响，无收入、低收入以及遭受各种意外灾害的人民群众有生活来源，满足他们的基本生存需求。

(2) 经济发展的助推器。完善的社会保障制度，既有利于提高劳动者自身素质，促进劳动力的有序流动，一定程度上激发中国经济的活力，推动经济更快地发展，又可以避免社会消费的过度膨胀，引导消费结构更为合理，平衡社会供需的总量，有利于防止经济发展出现波动，实现更好的发展。

(3) 社会矛盾的调节器。社会保障制度具有收入再分配的功能，调节中高收入群体的部分收入，提高最低收入群体的保障标准，适当缩小不同社会成员之间的收入差距。

(4) 社会政治的稳定剂。完善的社会保障制度，能为劳动者建立各种风险保障措施，帮助他们消除和抵御各种市场风险，避免因生活缺乏基本保障而引发的一系列矛盾，从而维护社会的稳定。

任务二：我国社会保障体系的内容

中国的社会保障体系包括社会保险、社会福利、社会优抚安置、社会救助和住房保障等。社会保险是社会保障体系的核心部分，包括养老保险、失业保险、医疗保险、工伤保险和生育保险。

一、社会保险

社会保险是以国家为责任主体，对有工资收入的劳动者在暂时或永久丧失劳动能力，或虽有劳动能力而无力工作亦即丧失生活来源的情况下，通过立法手段，运用社会力量，给这些劳动者以一定程度的收入损失补偿，使之能不低于基本生活水平，从而保证劳动力再生产和扩大再生产的正常进行，保证社会安定的一种制度。

社会保险在社会保障体系中居于核心地位，它是社会保障体系的重要组成部分，是实现社会保障的基本纲领。社会保险的目的是保障被给付者的基本生活需要，属于基本性的社会保障；社会保险的对象是法定范围内的社会劳动者；社会保险的基本特征是补偿劳动者的收入损失；社会保险的资金主要来源于用人单位、劳动者依法缴费及国家资助和社会募集。

二、社会福利

社会福利是指政府和社会组织通过建立文化、教育、卫生等设施，免费或优惠提供服务，以及通过实物发放、货币补贴等形式，向全体社会成员或特定人群给予帮助，以保证和改善其物质文化生活的制度。

社会福利是社会保障的最高层次，是实现社会保障的最高纲领和目标。它的目的是增进群众福利，改善国民的物质文化生活。社会福利基金的重要来源是国家和社会群体。

三、社会救助

社会救助是依据法律规定，政府和社会对因自然灾害或其他原因而无法维持最低生活水平和低收入的个人或家庭给予帮助，满足其生存需要的制度。

社会救助属于社会保障体系的最低层次，是实现社会保障的最低纲领和目标。社会救助的目的是保障被救助者的最低生活需要；社会救助的对象主要是失业者、遭遇不幸者；社会救助的基本特征是扶贫；社会救助的资金来源主要是国家及社会群体。

四、社会优抚安置

社会优抚安置是社会保障的特殊构成部分，属于特殊阶层的社会保障，是实现社会保障的特殊纲领。社会优抚安置的目的是优待和抚恤；社会优抚安置的对象是军人及其家属；社会优抚安置的基本特征是对军人及其家属的优待；社会优抚安置的资金来源是国家财政拨款。

任务三：我国社会保障体系的历史沿革

一、我国社会保障制度的建立

1951年，政务院公布实施了《中华人民共和国劳动保险条例》。1953年政务院对条例作了修正，标志着新中国社会保障制度的诞生。

二、社会保障制度改革的初步探索

从 20 世纪 80 年代中期到 1993 年，是社会保障制度的初步改革阶段。这一时期，我国开始进行城市经济体制改革，社会保障改革的指导思想定位在服务企业改革需要上，把社会保障改革作为企业改革的配套措施来进行。在改革步骤上，首先从改革城镇企业养老保险制度入手，再随着有关企业改革政策的出台，陆续制定了相应的社会保障改革措施，以保障企业改革的顺利进行。

在这一时期，我国的社会保障以单项制度改革为突破口，在社会保险模式选择、保险费用分担等方面，进行了积极探索，但在改革目标、方法等方面还有很多局限性。

三、与社会主义市场经济体制相适应的社会保障体系框架逐步形成

从 1993 年至今，是社会保障制度的全面改革阶段。从这一时期开始，社会保障制度改革按照党的十四届三中全会确定的目标、任务和基本原则来进行。

1. 基本实现了"两个确保"

党中央、国务院于 1998 年 5 月召开国有企业下岗职工基本生活保障和再就业工作会议，明确了国有企业下岗职工基本生活保障制度和深化企业职工养老保险制度改革的主要政策措施，部署了确保国有企业下岗职工基本生活、确保企业离退休人员养老金按时足额发放的工作任务，建立了下岗职工基本生活保障、失业保险与城市居民最低生活保障"三条保障线"。

2. 初步形成了社会保障体系框架

自 1997 年以来，国务院陆续发布了《关于建立统一的企业职工基本养老保险制度的决定》《关于建立城镇职工基本医疗保险制度的决定》《失业保险条例》、《城市居民最低生活保障条例》和《社会保险费征缴暂行条例》等一系列社会保障法规和政策，标志着以养老保险、医疗保险、失业保险和城市居民最低生活保障制度为主要内容的、适应社会主义市场经济基本要求的社会保障体系框架初步形成。

案例 4.1

美国的社会保障制度由三个部分组成，即社会保险、社会福利、社会救济。美国从 20 世纪 30 年代建立保障制度以来，已经形成了庞大的社会保障体系，其主要有以下几大特点：

(1) 适时建立和完善社会保障体系。20 世纪初，工业化的发展使得人们的生活水平大幅提高，于是，美国社会开始关注老年人的生活。20 世纪 30 年代的经济大萧条，让许多老年人处于非常困难的生活境地，因此，社会退休金成了老年人最关注的问题。1934 年，罗斯福成立了经济保险委员会，1935 年公布了社会保障法，又在 1939 年增加了伤残保险和老年配偶养老保险。经过几年的资金积累，于 1942 年付诸实施，开始了退休金的支付。二战中，社会保障法没有新的变动。到了 20 世纪六七十年代，经济有了很大的发展，美

国政府于 1965 年增加了老人医疗保险，1972 年增加了残疾者医疗保险。经过多年的逐步发展与健全，如今美国的社会保障制度已经形成了庞大的社会体系。

(2) 在美国，老年法定退休保险具有强制性、贡献性和福利性，医疗和退休保险基金有正当的渠道来源，可以做到自我调整。关于退休金的收支是按照现收、现付、收支平衡的原则确定的。国家社会保障机构，根据人口老龄化的预测、退休资金的需要，对保险税的税率不断做出调整，通过这种不断的自我调整达到自我循环、正常运转的目的。

(3) 发展保险公司经营的自愿投保退休金保险，吸收社会上的一些闲散资金来增强经济实力，为人口的老龄化做准备。在美国，一些人寿保险公司除了经营寿险、财险和死亡保险外，还经营集体和个人自愿投保性质的私人退休金保险，来作为法定退休金保险的补充。集体退休保险企业雇主为员工投保，根据企业经营的好坏和员工个人情况酌情投保，员工在退休后按月领取，政府通过对退休保险金免税给予支持，并用投资获取的利润，对因通货膨胀造成的投保金额贬值加以弥补，以确保老年人的收入，增强老年人的社会保障感。

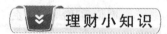

理财小知识

养老规划的五个财务工具

在家庭养老规划中，一般会涉及五个财务工具的使用，我们把这五个工具分为两类，第一类是基础养老工具，包括社保和企业年金；第二类是商业养老工具，包括养老年金保险、养老保险信托、养老社区。这五个养老工具都跟保险产品相关。

1. 基础养老工具

社保和企业年金是基础养老工具。社保是基本的国家福利制度，严格意义上讲它不是保险，而是国家统筹的一种收入转移制度，把当下年轻在职人群缴纳的社保金用于给当下退休养老人群做养老金使用，一代代接力下去。除了基本的社保养老制度，还有企业养老福利，通过缴纳企业年金，来作为基础养老保险的补充选择。社保和企业年金以个人账户形式，由企业和个人共同缴纳费用。基础养老工具组合是我国职工养老保障体系的重要一环。

2. 商业养老工具

最近十年的经济发展，让我国经济进入了一个通胀的时代，货币的购买力一直在下降。为了弥补这部分缺失的购买力和维持退休人员的养老待遇，这十多年养老金一直都在上调。

年轻一代人的数量在下降，且结婚生孩子的意愿也在降低，未来我国会进入一个老龄化社会。当年轻人越来越少，老年人越来越多的时候，基础养老工具是不足以维系未来养老的财务保障的，这时候就需要配置商业保险作为补偿，让养老生活有更好的体验，晚年无忧。

在养老财务规划中有一个适度收益的原则，就是指强制储蓄和理财收益的结合，而商业养老工具中，养老年金保险可用作家庭养老现金流储备，做强制储蓄，注重稳定、长期、安全。在这个安全理财的基础上，如果希望自己未来的养老金储备有一定的收益性，还可以结合信托理财的高收益性和独立性，配置养老保险信托，保证自己的养老金储备能够随着时间积累的同时，实现稳定保值增值，让未来的退休生活有更高的标准。

老龄化社会也催生了养老产业的发展，各大地产公司开始开发一种新的养老模式——把养老保险和地产结合起来，推出了以保险入驻养老社区的模式。比如恒大地产的养生谷，招商地产的养老社区等，都是要求在配置一定门槛的年金保险后才能申请一个养老社区的入驻资格。

普通家庭的养老模式以基础养老工具为主，也就是基础社保补充养老企业年金，而中产和富裕家庭对于商业养老工具的需求会比较大，主要是因为商业养老保险的配置，特别是未来稀缺养老资源和高端医疗资源的配置，可以满足中产和富裕家庭这方面的高端养老需求。

项目二　家庭风险管理

风险指特定时间内、特定情况下，某种收益或损失发生的不确定性。随着社会的发展和科技的进步，现实生活中的风险因素越来越多，人们想出种种办法来应对风险。但无论采用何种方法，风险管理一条总的原则是：以最小的成本获得最大的保障。

任务一：识别家庭风险

风险识别是风险管理的第一步，它是指对家庭或个人面临的和潜在的风险加以判断、归类和对风险性质进行鉴定的过程。具体而言，一个家庭可能会面临如下风险。

一、财产风险

现代家庭的财产主要有房屋、家具、家用电器、现金、有价证券、车辆以及其他贵重物品。一般来说，家庭拥有的财产价值越大，遭受损失的风险越大，一旦遭受损失，损失的价值也就越大；反之，则遭受损失的风险也就越小，损失的价值也越小。

造成家庭财产损失的风险是多种多样的，可以由自然灾害引起，如水灾、火灾、地震等；也可以由人为因素引起，如遭盗窃、纵火、破坏、爆炸等。家庭财产损失的风险会直接导致家庭财产的减少，引起直接损失，同时为了恢复财产的用途或者更换新的用具所需要的费用、时间等也会引起间接损失。

二、人身风险

家庭人身风险是指家庭成员因为人的生、老、病、残、亡等而导致个人遭受损失的风险。一般来说，人类遭遇死亡、疾病和其他意外事故的风险同家庭财产遭遇的风险一样，都会造成现在或者未来家庭财富的损失。造成人身损失的风险可以由自然灾害引起，如地震、水灾、飓风等，也可以由人为因素引起，如人的犯罪行为、过失行为等。

从短期来看，一个家庭在某段时间内是否发生风险事故是不可预测的。但是，从长期来看，人身风险损失的发生是不可避免的。因为死亡、疾病等人身风险是任何家庭都无法回避的。正是因为死亡、疾病是不可避免的，也就需要未雨绸缪，及早做出风险管理的规划，应对未来可能发生的损失。

三、责任风险

家庭成员的行为有时会给他人带来人身或者财产的损失，并因此承担法律所要求的赔偿责任，即为责任风险。家庭成员在社会活动中面临责任风险的种类比较多，这些责任损失的风险有时是故意的，有时是过失、无意造成的。

例如，故意伤人造成的责任损失，肇事者需要赔付他人医疗费、误工费等。过失伤人造成的责任损失，也需要赔付他人医疗费、误工费、营养费等。如驾车过程中出现交通事故造成他人财产和人身损失，需要依照道路交通管理部门的有关规定，对他人的财产和人身损失进行赔偿。又如，自家养的宠物咬伤了邻居的孩子，需要承担因宠物造成他人损失的责任等。

总的来说，家庭面临的风险有以下几个特点：

(1) 相对于企业等风险管理来说，它是比较简单的。一般不会有具体、详细的风险管理计划，但是也需进行一些简单的操作。

(2) 风险度比较低，损失发生的概率比较低，造成的损失比较小。

(3) 风险管理效果非常依赖于风险管理者的管理能力。家庭风险管理的效果、水平、技术等，取决于家庭成员的管理能力和收入水平，还与家庭成员的细心与粗心也是有很大关系的。

(4) 与当地的治安、交通等环境也比较相关。

任务二：评估家庭风险

家庭风险评估就是调查了解家庭所面临的风险，以及进行风险分析的过程，以便为家庭风险管理做相应准备。

理财规划师一般通过填写调查问卷等方式了解客户家庭所面临的风险。调查问卷一般包括(但不局限于)如下几项内容：

(1) 家庭成员基本情况(性别、年龄、学历、社会职务、工作收入)。

_____

_____

(2) 家庭年收入多少？占比最多的是哪位？大概占比多少？

_____

_____

(3) 是否已经购买了保险？什么种类？年缴费多少？保额多少？

_____

_____

(4) 家庭成员是否有家族病史？如果有，是哪种？

_____

_____

(5) 家庭财务状况如何？是否有贷款？贷款总额多少？时间多久？

_____

_____

(6) 一般家庭购买保险费用占年收入的 10%左右，你的预算是多少？

_____

_____

　　调查了解家庭风险后，接下来就可以进行家庭风险评估。进行家庭风险评估一般使用两个指标：潜在损失的大小和风险出现的概率。

　　潜在损失的大小可根据客户风险承受的能力来确定。一般来说，客户风险承受的选择可能有以下几种结果：不可承受、可以承受、重要、不重要。风险出现的概率就是指家庭风险出现的可能性的高低。

　　一般可通过如表 4-1 所示的家庭风险评估表进行每项家庭风险评估，客户只需在对应表格进行选择即可反馈家庭每项风险的具体情况。

表 4-1　家庭风险评估表

家庭风险项目		
风险损失	评估项目	您的选择
发生概率	高	（　　　）
	低	（　　　）
风险损失/影响大	不可承受(重要/不重要)	（　　　）
	可以承受(重要/不重要)	（　　　）
风险损失/影响小	可以承受(重要/不重要)	（　　　）

　　一般情况下，风险发生概率高，不管损失/影响大小，对于现代家庭来讲，都应该设法控制；对于发生概率低，风险损失/影响大、不可承受和可承受/重要的风险，以及风险损失/影响小、可以承受/重要的风险，也应设法控制。

任务三：控制家庭风险

　　理想的风险管理，是对一连串具有不同风险等级的事情进行排序的过程，该过程使其中可能引起最大损失及最可能发生的事情优先处理，而相对风险较低的事情则押后处理。

针对家庭风险的特点，有各种各样的风险管理的方式。可以采取事前预防的措施，也可以采取事后控制损失的措施。事前预防是指在可能引发的风险事故发生以前，就采取措施防范其发生。事后控制损失的措施是指在风险事故发生以后，采取措施控制损失，防范家庭可能发生的风险事故。

一般来说，在进行风险管理之前，必须先识别和衡量风险。比如列出家庭财产风险清单，然后去分析引发风险事故的原因。根据家庭风险识别、风险衡量的结果，需要根据风险可能造成损失的程度评价风险。对于造成损失较大、频率较低的风险，需要采取措施及时处理，必要时可以采取风险转移的方式。对于造成损失较小、损失频率较大的风险，可以采取风险自留的方式，在日常生活中需要注意防范风险。

家庭风险管理分为家庭人身风险管理和家庭责任风险管理两种情况。

一、家庭人身风险管理

通常来说，家庭人身风险带来损失的衡量是复杂的，也是难以衡量的。例如，风险事故造成家庭成员残疾，不同的伤残等级需要支付的医疗费用是不同的，因而也使风险事故给家庭造成损失程度的衡量是难以估计的。家庭人身风险管理有以下四种方式。

1. 风险自留

家庭人身风险自留指通过家庭预先准备的财富和做出的心理准备，应对有可能发生的收入损失和医疗费用支出等。一般来说，风险自留只能处理家庭暂时、短期的人身风险损失，如短期的收入损失和医疗费用支出。而对于长期的收入损失和巨额的医疗费用支付，一般家庭则无力承担。例如，小孩患病感冒，治疗感冒的医疗费用比较低，带给家庭的损失也比较小，家庭可以通过风险自留的方式处理损失。而如果家庭成员已经确诊患有白血病等(治疗这些疾病需要的医疗费用比较高)，给家庭造成的损失比较大，而且这些损失无法通过风险转移的办法转移出去，这个时候就只能采用风险自留的方式。另外要注意的是，不同的家庭收入状况不同，能够承担的人身风险损失也不同。对于不愿承担转移风险成本的家庭来说，也只能由自己来承担。

2. 损失预防

损失预防主要包括三个方面。第一是要求政府创造一个安全的社会环境，包括安全的交通、治安、生活等环境，只有社会将可能发生的危害人身安全的风险事故消灭在萌芽状态，家庭成员的人身安全才有保障。所以这是首要因素。第二是要求有一个安全的家庭环境。这主要包括防盗、家庭各种设施的安全等。比如农村用于防治农作物病虫害的农药，就是危害人身安全的隐患，家庭成员遇到挫折的时候，很容易拿到这些危险物品，因而造成人身伤害。第三是要提高家庭防范风险的意识。加强家庭成员的安全和健康意识，特别是向未成年子女讲授安全和健康的知识是十分必要的，有助于防范各种人身风险事故的发生。

3. 损失控制

损失控制主要应用于已经发生的风险事故。家庭中，一旦发生了人身风险事故，就应该立即采取措施控制损失，防止损失的进一步扩大。例如，家庭成员一旦患病，应及时治疗，避免病情加重，造成更大的损失。

4. 风险转移

人身风险的转移主要是指将风险事故造成的损失转移给其他人承担。例如，家庭通过投保人身保险的方式将风险转移给保险公司承担。一旦发生保险责任范围内的风险事故，所造成的损失就由保险公司承担。

二、家庭责任风险管理

家庭责任风险的产生来源于家庭成员的行为。在日常生活中，家庭成员由于疏忽、过失等行为会对他人造成人身伤亡或者财产损失，需要依法承担民事损害赔偿责任。一般来说，家庭责任风险分为两种，分别为违约责任风险和侵权责任风险。对于责任风险的管理，一般是通过责任保险加以分担或转移的。要注意的是，家庭常用的公众责任保险通常会规定有除外责任，而且责任期限一般不足一年或为少于一年的短期，此外还有赔偿限额和免赔额的规定。家庭在选择相应的保险险种规避风险时一定要综合考虑，做出理性的选择。

任务四： 加强家庭保障

一、养成管理风险的生活习惯

家庭日常生活琐碎、繁杂，如果能养成风险管理的生活习惯，就可以避免许多风险事故的发生。养成管理风险的生活习惯主要包括以下一些内容：使用煤气时不外出，不做其他与做饭无关的事情，出门时检查家里的电、水开关，外出办事要锁门，不将易燃易爆的物品带回家等。例如，有位汽车司机用塑料桶将汽油带回家，司机的儿子准备做饭时点不着火，就把汽油倒在柴火上，并用打火机去点，结果酿成儿子被烧伤、家里失火的惨剧。养成管理风险的生活习惯，可以避免不该发生的悲剧。再如有位风险管理专家是这么描述他的生活的：我跟家人说，去超市买东西，所有的小票原则上要保留 7 天到半个月。我妈妈问我是不是要拿去报销，我说不是，是因为万一买的东西变质，全家食物中毒，这是唯一的证据；万一买个插座是劣质的，引起火灾，我们可以用小票来证明这个插座是在哪里买的。出去吃饭也一样，一定开个发票，万一食物中毒，这也是唯一的举证。还有，打车一定要的士票，万一贵重物品或者重要的资料丢在的士上，能第一时间知道坐的哪辆车，因为的士票上就有公司的电话号码和司机的代码。现在我们家人无论在哪儿，都注意保留单据。吃饭要开发票，买东西要有小票，打车一定要的士票。

二、安装防范风险的设施

安装防范风险的设施，也是家庭风险管理的方法之一。例如，安装防盗门、防盗窗、保险柜、报警器等，可以防范盗窃风险的发生。又如，某高层建筑中，每单元每层楼居住一户，为了增加家庭居住面积，各家将走廊的安全门堵死作为房间使用，一旦发生火灾、地震等风险，电梯不能使用，每层楼设置的安全通道形同虚设，安全隐患较大。这个例子说明，设置、安装防范风险的设施固然重要，正确的使用这些设施也同样重要。

三、利用合同或者具有法律效力的文书管理风险

家庭风险管理中，利用合同或者具有法律效力的文书管理风险也是比较重要的风险管理方式。利用合同或者具有法律效力的文书管理风险，不仅可以获得有关法律的保护，而且可以转移风险事故造成的损失，获得适当的经济补偿。

例如，王某因丈夫有外遇且经常被打而离婚，王某在乘飞机去某地讲课的过程中因飞机失事死亡。她留下的房子、其他财产和单位与航空公司给予的补偿费用合计约 160 万元由女儿继承。但是，王某的女儿年仅 10 岁，不具有管理这部分财产的能力。在这种情况下，王某的父母具有代理这部分财产的权利，但是王某的父母已经去世，王某的这部分财产只能由其前夫代理，而王某的兄弟、姐妹则没有权利管理。可见，利用法律文书管理风险是十分必要的。如果王某在乘飞机之前留下具有法律效力的文字，交代自己若遭遇不测，家庭财产如何处理、由谁代理等一系列的问题，就可以避免自己死后留下的财产由其前夫代理的问题。

任务五：监测家庭风险

定期关注家庭风险问题，当影响家庭风险发生的因素发生改变，如年龄增加、环境改变、制度变化时，都需要重新考虑风险管理控制计划。

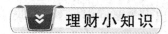

理财小知识

我国风险管理问题

我国目前风险管理仍面临许多问题，主要表现在以下几个方面。

1. 缺乏风险管理的意识

很多人不注重日常生活中对风险的管理。之所以会出现这种情况，与我国的历史渊源有一定的关系，比如中国由于长期以来一直是个农业国家，老百姓都是靠天吃饭，所以在人们脑海中根深蒂固的就是老天是不可对抗的，人要随遇而安。这样就导致人们在遇到风险时，不会冷静分析认真判断，而是觉得无论自己做什么都无法改变结局。如何让人们了解风险，知道风险是可以控制的，是我们亟待解决的一个问题。

2. 缺乏最基本的风险管理设施

现在安全惨案频频发生。煤矿事故、公交车爆炸、宿舍楼失火等都与风险设施不完善有关。一个国家的风险设施水平是与这个国家的财力相对应的，如果有充足的财政保证，风险设施的数量及质量肯定是有保证的。但这并不能成为我们辩解的理由。我国家庭的风险管理措施还处于初级阶段，一般的家庭都缺乏消防器材和急救药品，家庭所处的社区或者村庄里也缺乏共同协调的防卫措施。

3. 缺乏相关的法律常识

必要法律知识的缺乏会让许多家庭陷入麻烦中。国人习惯以情立国，注重人际关系的培养，许多时候会忽略相关的法律条文。

项目三 家庭保障计划

任务一：做好现金储备，应对日常急需

如果一个家庭的支出没有超出收入，就会有结余，对结余的基本处理方法是进行储蓄。由于就业、健康等方面的原因，有时家庭的收入会突然中断，或是出现一些情况导致支出的大幅度增加。在这种情况下，如果没有家庭紧急备用金来解燃眉之急，就会使家庭财务陷入困境。

家庭紧急备用金的用途有以下两个：

(1) 用于失业后工作收入中断的家庭日常开销。

家庭紧急备用金究竟准备多少才算合适，主要取决于家庭成员工作的稳定程度。如果夫妻双方都在国家机关、政府部门或大型国企工作，那么工作收入应该是稳定的；如果夫妻双方或有一方长期处于工资收入不稳定的状态，那么家庭紧急备用金就显得更为重要。一般而言，家庭用于应对失业的紧急备用金至少应该满足 3 个月的固定支出，保守型家庭可准备能满足 6 个月的固定支出或更多的备用金。

(2) 用于紧急医疗或意外灾变所导致的费用超支。

俗话说，人有旦夕祸福。当家庭中出现亲人突患重大疾病，或者出现了意外灾变时，如果没有一定数额的紧急备用金，便会雪上加霜。所以，家庭紧急备用金的另一个用途是应对紧急医疗和意外灾变。此种情况下家庭收入虽未中断，但因自己或家人需要紧急医疗或由于灾难、失窃等导致的家庭财产损失需要重建或重新购置，庞大的支出可能会远超正常的家庭收入能力，此时家庭备用金就能派上用场应对这些突发状况。

任务二：缴纳四险一金，小疾、安居、养老三不误

四险一金是我国社会保障的一个重要组成部分。四险为社会保险中的养老保险、医疗保险(含生育保险)、工伤保险和失业保险，一金指住房公积金。

2016 年 12 月 19 日，全国人大常委会审议相关决定草案，拟授权国务院在河北省邯郸市等 12 个生育保险和基本医疗保险合并实施试点城市行政区域暂时调整实施《中华人民共和国社会保险法》有关规定，拟将邯郸、郑州等 12 地作为试点，实施生育保险基金并入职工基本医疗保险基金征缴和管理。两险合并之后，未来就是四险一金了，参加医疗保险的人就可以享受到生育保险的待遇。

社会保险是社会保障制度的一个最重要的组成部分，是指国家通过立法强制建立社会保险基金，对劳动者在丧失劳动能力或失业时给予必要的物质帮助的制度。社会保险主要通过筹集社会保险基金，并在一定范围内对社会保险基金实行统筹调剂以便在劳动者遭遇劳动风险时给予必要的帮助。社会保险对劳动者提供的是基本生活保障，只要劳动者符合享受社会保险的条件(即与用人单位建立了劳动关系或已按规定缴纳各项社会保险费)，即可享受社会保险待遇。

住房公积金是指国家机关和事业单位、国有企业、城镇集体企业、外商投资企业、城镇私营企业及其他城镇企业和事业单位、民办非企业单位、社会团体及其在职职工对等缴存的长期住房储蓄。职工个人缴存的住房公积金和职工所在单位为职工缴存的住房公积金属于职工个人所有。2019 年 3 月 4 日国务院发布的《住房公积金管理条例》规定，职工和单位住房公积金的缴存比例均不得低于 5%，有条件的城市，可以适当提高缴存比例。具体缴存比例由住房公积金管理委员会拟订，经本级人民政府审核后，报省、自治区、直辖市人民政府批准。

一、社会医疗保险解决劳动者后顾之忧

社会医疗保险是国家通过立法形式强制实施，由雇主和个人按一定比例缴纳保险费，建立社会医疗保险基金，支付雇员医疗费用的一种医疗保险制度。劳动者患病时，社会保险机构对其所需要的医疗费用给予适当补贴或报销，使劳动者恢复健康和劳动能力，尽快投入社会再生产过程。

参保人员按照"就近就医，方便管理"的原则，每个人原则上可在单位和居住地所在区、县的基本医疗保险定点医疗机构范围内任意选择 4 家医疗机构就医，其中必须有 1 家基层定点医疗机构(含社区卫生服务中心和站、厂、矿、高校内设医疗机构)。在定点医院就医时出示医保卡证明参保身份并挂号，个人不需要先支付再报销，直接由医保和医院结算该医保报销的部分，只有在结账的时候，自付的部分由自己用医保卡余额或者现金支付即可。

二、住房公积金缓解购房压力

2019 年 7 月份以来，至少已有 20 多个城市对住房公积金政策作出了调整。这既与各地楼市走向有一定关系，也是为了支持人们购买首套住房和改善性住房的需求，多渠道保障住有所居。

调整一：公积金贷款额度的调整。如长沙市 2019 年度住房公积金最高贷款额度调整为 60 万元，公积金贷款额的计算应基于四个条件：① 还款能力；② 贷款额度占房价的比例；③ 住房公积金账户余额；④ 最高贷款额。由以上四个条件计算出来的最小值即为借款人的最高贷款额。

调整二：公积金贷款手续越来越简化。公积金贷款人申请贷款将不再需要出具收入证明，打印申请表格后带上相关资料，只需跑一次即可办理。

调整三：住房公积金贷款实现城市间互认互贷。这将极大地方便职工使用住房公积金。

调整四：公积金贷款期限延长。期限越长，意味着缴存职工还款压力越小，对刚需购房职工来说是个好消息。

同时，住房公积金贷款也为购房者节约了大笔的利息支出。

例如，张先生准备贷款 60 万元购买住房，贷款期限为 30 年，采用等额本息还款，若使用公积金贷款，贷款利率为 3.25%(5 年以上利率)，贷款利息为 340 045.65 元；若使用商业贷款，贷款利率为 4.9%(2019 年 1 月 1 日基准利率)，贷款利息为 546 365.72 元。公积金贷款比商业贷款节约利息 206 324.07 元。

三、住房公积金和养老保险解决大部分人的养老需求

住房公积金余额为职工退休提供了部分退休养老金。根据《住房公积金管理条例》，职工可以在退休时一次性提取个人住房公积金账户余额。假设职工平均每月个人缴纳住房公积金 1600 元，单位按照 1∶1 的比例配套缴纳 1600 元，则其每月计入个人公积金账户余额的资金为 3200 元，其工作 35 年共计公积金个人账户余额为 3200 × 12 × 35 = 1 344 000 元。如果在职期间没有使用过住房公积金，则在退休时就积累了一笔 1 344 000 元的退休养老金。

同时，社会养老保险也为退休职工提供了每月的退休养老金。若养老保险累计缴费满 15 年，且同时达到退休年龄，就可以领取退休养老金。其计算公式如下：

$$每月到手的养老金 = 月基础养老金 + 月个人账户养老金$$

其中：

$$月基础养老金 = \frac{全省上年度所有职工的月平均工资 + 本人指数化月平均缴费工资}{2} × 缴费年限 × 1\%$$

$$月个人账户养老金 = \frac{个人账户的余额}{计发月数}$$

其中，计发月数 50 岁为 195 个月，55 岁为 170 个月，60 岁为 139 个月。

案例 4.2

张先生，2020 年满 60 岁退休，退休前他交了 20 年的社保，个人账户的余额是 60 000 元。

假如 2019 年张先生所处地区的在岗职工月平均工资为 6000 元，他在当地平均工资的 60%～300% 之间选择了 200% 作为缴费基数，所以他第一次领到的养老金的计算过程如下：

$$月基础养老金 = \frac{6000 + 6000 × 200\%}{2} × 20 × 1\% = 1800 元$$

$$月个人账户养老金 = \frac{60 000}{139} = 431.65 元$$

合计：
$$1800 \text{ 元} + 431.65 \text{ 元} = 2231.65 \text{ 元}$$
所以，张先生第一个月的养老金是 2231.65 元。

假设 60 岁的张先生还能领养老金 20 年，领取的时长是：
$$20 \times 12 \text{ 个月} = 240 \text{ 个月}$$
假设当地的平均月工资不变，那么张先生退休后 20 年内，总共能领取的养老金总额为
$$2231.65 \times 240 = 535\,596 \text{ 元}$$

任务三：买足商业保险，加强风险防范

商业保险(Commercial Insurance)是指通过订立保险合同运营，以营利为目的的保险形式，由专门的保险企业经营。商业保险关系是由当事人自愿缔结的合同关系，投保人根据合同约定，向保险公司支付保险费，保险公司根据合同约定的可能发生的事故因其发生所造成的财产损失承担赔偿保险金责任，或者当被保险人死亡、伤残、疾病或达到约定的年龄、期限时承担给付保险金责任。

家庭保险配置六大原则：

(1) 先人后财产：人身保险 > 财产保险。

留得青山在，不怕没柴烧，所以应优先保障人的生老病死，而不是财产的丢失损毁，尤其是当预算有限的情况下，优先考虑人就很重要了。当然，如果预算充足，不过数百元就能为家庭财产安全提供保障，买一份也未尝不可。

(2) 先大人后小孩：家庭支柱 > 老人孩子。

一个家庭当中，谁赚钱最多，就优先给谁买保险。这绝不是势利眼。想想看，谁出了意外，对整个家庭的影响最大，显然是充当家庭经济支柱的那个人。举个例子：老王家除了他，还有妻子和儿子以及老母亲。老王每个月工资 2 万余元，他的妻子在家带孩子，老母亲每个月退休金不足 3000 元，就是说这个家庭的正常运转全靠老王的经济收入。然而，老王家只给孩子买了保险，那么如果有一天，老王出了意外或者生了重病，不能继续工作赚钱，这个家靠谁养？母亲的退休金吗？儿子的保费又让谁来交？只有给顶梁柱提供充足的保障，这个家庭才不至于在意外来临之时分崩离析。

此外，值得注意的是，为了避免投保人故意伤害未成年人来骗取保险金，保监会明文规定：未成年人身故赔付，未满 10 岁的，不能超过 20 万元；满 10 岁不满 18 岁的，不能超过 50 万元。

(3) 不同的人生阶段，保险配置侧重点不同。

意外险、重疾险、寿险、商业医疗险、投资理财险……，险种那么多，究竟应该先买哪一个？实际上，不同的人生阶段，在保险配置上会有不同的侧重点，比如说，小孩和老人面临的风险不一样，所需要的保障自然也就不同。各险种适用人群及用途如表 4-2 所示。

表 4-2 各商业险种详情分析表

险种	对抗风险	适用人群	主要用途	赔付方式
意外险	意外死亡/意外伤残	所有人(高危职业不好买)	身体因意外受到伤害残疾或死亡时可以直接获得赔付保额	意外身故全部给付,意外残疾按等级比例给付,意外医疗、津贴按规定报销(可购多份,保额可累加)
重疾险(定额给付型)	大病、病后失去经济收入	除老年群体以外的人群	承担巨额医疗费用、后续康复护理费用,弥补家庭收入损失	确诊即赔、无需报销,有单次赔付、多次赔付、分组多次赔付等多种产品(可购多份,保额可累加)
医疗险(补偿报销型)	疾病	所有人(非健康人群不好买)	因意外或疾病原因就医时报销医疗费用	治疗后凭单据报销社保报销后的剩余部分医疗费,需要自己先垫付,报销金额不能超过实际花费金额,医疗险只能实报实销,不需购买多份进行重复投保
寿险(身故给付型)	死亡/全残	家庭经济支柱	家庭经济支柱意外离世后,保险金用来赡养父母、养育孩子、支付家人日常生活开支,偿还生前来不及还清的房贷、车贷等	身故给付保额(可购多份,保额可累加)

从表 4-2 可看出,在不同的人生阶段,其保险配置如下:

① 小孩:意外险 + 重疾险 + 医疗险。

② 成年人:意外险 > 重疾险 > 百万医疗险 > 寿险。尤其对于家庭经济支柱,条件允许的情况下,建议缺一不可。

③ 老人:意外险 + 百万医疗险 + 防癌险。对于老年人来说,受年龄所限,重疾险的配置并非必要,另一方面,高额保费拉低了杠杆率,甚至可能出现保额≈缴纳总保费的情况,由此看来,给老人购买重疾险非常不划算。寿险对于家庭支柱尤为重要,但对于无需承担主要家庭责任的老年人来说,在预算有限的情况下,就显得不那么必需了。

此外,对于投资理财型的险种,一般是不太建议考虑的,因为受到通货膨胀的影响,可能最后获得的收益会很不理想。当然,对于预算充足的购买者来说,也可以考虑购买。

(4) 保费预算不超过家庭收入的 10%为宜。

在购买保险之前,先弄清楚自己的预算很重要,这有助于选择适合的产品,不至于在买了保险之后,大幅降低生活质量。那么如何制订预算呢?可以参考买保险的"双十原则":家庭年缴保费占家庭年收入的 10%左右;风险保额要达到家庭年收入的十倍。另外,也有观点说,保费支出占年度结余的 10%~15%比较合理,这个考量因人而异,具体的预算可以根据家庭的实际情况来制订。

举例:单身汉小李年收入 10 万元,他用 1 万元购买意外险、医疗险、重疾险和寿险在内的保险组合，做到了 100 万元以上的家庭保障；而老张家庭年收入 30 万元，他总计花费 3 万元左右的保费，组合出来了 300 万元的保额。

(5) 无需一步到位，可逐步配置完善。

家庭保险配置并非一蹴而就的事情，尤其是如果现阶段预算有限，就不要想着全险种大保额，要先捡重要的买，等以后收入提高了，再逐步买齐，并追加保额，延长保障期限。

(6) 有的放矢，抓大放小。

现在，各式保险产品目不暇接，很容易就会挑花了眼，并且在对比之后易陷入纠结之中。仅就重疾险而言，市面上的产品就有近百种，有的轻症豁免，有的身故赔付；有的可以报 100 种疾病，有的能赔偿 3 次。到底选哪一个，很容易就没主意。在选择保险产品时，要做到尽量对几种需要重点考虑的大的疾病重点保障，一些不是很重要的疾病，可以适当考虑。

综 合 练 习

王先生年满 60 岁退休，退休前他交了 20 年的社保，个人账户的余额是 6 万元。假如 2019 年王先生所处地区的在岗职工月平均工资为 6000 元，他在当地平均工资的 60%~300% 之间，选择了 200% 作为缴费基数。退休时个人公积金账户余额为 25 万元，个人名下有车有房，无车贷、房贷，并有股票市值 20 万元，银行存款 10 万元。请为王先生设计退休养老生活。

模块五

家庭住房规划

家庭住房规划是家庭的头等大事。规划是否适宜,会影响家庭资产负债状况与现金流量的方向,甚至于会影响家庭生活水准长达 10~30 年。一个完整的规划首先应当根据家庭住房需求现状和家庭支付能力决定购房还是租房;作出购房决策后,再考虑房址的选择和资金的筹措。在做资金筹措中,要考虑选择合适的贷款方式和还款方式。

本模块目标 ▶▶ •••

知识目标

(1) 熟悉租房与购房的各自优缺点;
(2) 掌握影响家庭住房规划的相关因素;
(3) 熟悉住房商业贷款和公积金贷款的差别;
(4) 熟悉住房还贷的两种方式的区别。

技能目标

(1) 模拟计算家庭支付能力;
(2) 完成住房与租房的比较,并作出决策;
(3) 灵活运用商业贷款和公积金贷款解决家庭住房融资问题;
(4) 举一反三,运用已学技能,撰写不同家庭的住房规划报告。

素质目标

(1) 培养团队协作精神;
(2) 培养严谨认真的工作态度。

项目一 租房和购房的决定

租房还是购房，需要以生活方式和经济因素为基础进行分析。追求灵活性是租房者的主要动机，而购房者追求的通常是长久性。租房与购房各自的优缺点如表 5-1 所示。

表 5-1 租房与购房的比较

住房形式	优 点	缺 点
租房	迁居方便； 住房维护保护责任小； 最小的经济负担	无税收优惠； 改造住房受限； 饲养宠物及其他方面受限
购房	业主成就感； 享受财务收益； 生活方式的灵活性	经济负担； 比租房更高的家居支出； 迁居的限制

任务一：了解家庭住房需求

家庭住房需求主要考虑的是空间需求和环境需求。空间需求主要取决于家庭人口结构和人口数量，比如三代同堂一家五口就需要一套三室的住房，而三口之家两室就够住。环境需求是指与自身居住直接相关的系列因素，其中最关心的是交通条件、小区配套和房型三大因素。

价格承受力强的家庭当然首选市区楼盘，因为它的交通较便捷，如果选择近郊的楼盘，购房者首先就会关心楼盘附近的轨道交通、地面公交以及快速道路等条件，尤其那些自用自住型群体更是把交通是否方便作为选择的首要因素。

小区内外各种配套是否完善也同自用自住需求密切相关。那些有完美规划前景、方便的生活设施配套，特别是短时期内能够配套到位的楼盘，会使购房者优先考虑。比如老年人需要的医院和活动场所、孩子们需要的知名学校和游戏场地、中年人需要的商场超市和健身场馆、家庭主妇需要的菜场和交流场地等，都是购房者重点关心的内容。

房型设计和面积指标是近几年购房者重点考虑的第三个因素。那些面积大、功能不足的房型会面临滞销。有的小区一室 70 多平方米，二室 80~90 平方米，且小房型所占比例高，理所当然会被购房者优先看中。

任务二：计算家庭支付能力

计算家庭支付能力，首先就要理清家庭资产负债结构和收入支出状况，由此获得目前年收入、收入中可支付首付和房贷的比例和目前净资产，然后根据以上经济指标分别计算家庭可负担的首付款、可负担的房贷总额和可负担的房屋总价。具体计算过程如下(家庭资产负债表如表 5-2 所示，家庭收支结余表如表 5-3 所示)。

表 5-2　家庭资产负债表

日期：　　　　　　　　　　　　　　　　　　　　　　　　　单位：元

家庭资产	家庭负债
…………	…………
…………	…………
…………	…………
…………	…………
…………	…………
家庭总资产：	家庭总负债：
家庭净资产：	

家庭净资产 = 家庭总资产 − 家庭总负债

表 5-3　家庭收支结余表

日期：　　　　　　　　　　　　　　　　　　　　　　　　　单位：元

家庭收入	家庭支出
…………	…………
…………	…………
家庭收入合计：	家庭支出合计：
家庭年度结余：	

家庭年度结余 = 家庭收入合计 − 家庭支出合计

(1) 首先计算购房时可负担的首付款，其计算公式如下：

可负担的首付款 = 购房前收入积累金额 + 目前净资产到期值

购房前收入积累金额 = 目前年收入 × 收入中负担首付和房贷的比例上限 × 年金终值系数

目前净资产到期值 = 目前净资产 × 复利终值系数

(2) 然后计算可负担的房贷总额，其计算公式如下：

可负担的房贷总额 = 购房前年收入可支付房贷金额 × 年金现值系数

购房前年收入 = 目前年收入 × 复利终值系数(考虑收入的成长性)

购房前年收入可支付房贷金额 = 购房前年收入 × 收入中负担房贷比例上限

(3) 最后计算可负担的房屋总价，其计算公式如下：

可负担的房屋总价 = 可负担的首付款 + 可负担的房贷总额

案例 5.1

王先生年收入 10 万元，预计收入增长率为 3%。目前净资产 15 万元，投资报酬率 10%，贷款年限 20 年，贷款利率以 6% 计算。王先生的家庭净资产中负担首付和贷款的比例上限为 40%。

五年后王先生可负担的房屋总价计算过程如下：

$$购房前收入积累金额 = 目前年收入 \times 收入中负担首付和房贷的比例上限 \times$$
$$年金终值系数(F/A, 10\%, 5)$$
$$= 10 \times 40\% \times 6.11$$
$$= 24.44 \ 万元$$
$$目前净资产到期值 = 目前净资产 \times 复利终值系数(F/P, 10\%, 5)$$
$$= 15 \times 1.611$$
$$= 24.16 \ 万元$$

则

$$王先生可负担的首付款 = 24.44 + 24.16 = 48.6 \ 万元$$
$$购房前年收入 = 目前年收入 \times 复利终值系数(F/P, 3\%, 5)$$
$$= 10 \times 1.159$$
$$= 11.59 \ 万元$$
$$购房前年收入可支付房贷金额 = 购房前年收入 \times 年收入可支付房贷比例$$
$$= 11.59 \times 40\%$$
$$= 4.636 \ 万元$$
$$王先生可负担的房贷总额 = 购房前年收入可支付房贷金额 \times$$
$$年金现值系数(P/A, 6\%, 20)$$
$$= 4.636 \times 11.47$$
$$= 53.2 \ 万元$$
$$可负担的房屋总价 = 可负担首付款 + 可负担贷款总额$$
$$= 48.6 + 53.2$$
$$= 101.8 \ 万元$$

即王先生一家五年后可以购买一套总价为 101.8 万元以内的住房。

任务三：成本比较

买房还是租房是一个决定个人财富地位的大问题。在长达 30 年的大周期中，究竟是借入资金持有不动产？还是持有资金积极投资？或是尽量提前还贷？在假设通胀率和银行利率不变的情况下，哪种方式才能积累最大的财富呢？年使用成本法比较和净现值法比较是常用的两种比较方法，以决定是买房还是租房。以下分别介绍。

一、年使用成本法比较

年使用成本法是指将购房的首付款与房贷金额和租房的租金与押金都作为成本支出，通过比较两者的年使用成本，得出哪个方案更划算的方法。

谈论买房或是租房，我们必须引入"机会成本"这个概念。对买者来说，其付出的机会成本包括首付款和月供款，而最终收益则是 30 年后的一套房屋；租房者的机会成本则是不断上涨的房租，而最终收益则是 30 年积累的投资收益。两者相比较，我们或许可以在一定的条件下得到最佳理财方案。

下面我们通过年使用成本法比较来为林女士选择住房。

案例 5.2

林女士看中一套位于深圳罗湖区的房产，房屋可租可售。如果租房，房租每月 3000 元，押金 3 个月；如果购房，总价 80 万元，首付 30 万元，可获得 6%利率、50 万元的房屋抵押贷款。假设一年期存款利率为 3%。

那么，林女士该如何决策呢？

我们可以分别比较租房和购房年使用成本帮助林女士作出决策。

首先计算租房成本：

$$租房年成本 = 租房年租金 + 押金机会成本$$
$$= 每月租金 \times 12 + 押金 \times 一年期存款利率$$
$$= 3000 \times 12 + 3000 \times 3 \times 3\%$$
$$= 36\,270\ 元$$

然后计算购房年成本：

$$购房年成本 = 购房首付款年成本 + 房贷年成本$$
$$= 购房首付款 \times 一年期存款利率 + 房贷金额 \times 贷款利率$$
$$= 300\,000 \times 3\% + 500\,000 \times 6\%$$
$$= 39\,000\ 元$$

很明显，36 270 元 < 39 000 元，林女士应该选择租房。

当然决策过程中，还需考虑如下几个因素：

(1) 房租是否会每年调整？

(2) 房屋是否具有升值潜力？

(3) 房贷利率的变化趋势。

二、净现值法比较

净现值法是考虑在一个固定的居住期间内，将租房及购房的现金流量还原为现值，比较两者的现值大小，以选择更为合理方案的方法。

租房的现金流入为租金租约期满的押金收入，现金流出包括押金支出和每月的租金支出；而购房的现金流入为将来住房的出售价款，现金流出包括住房的首付款和每月的房贷支出。

$$租房现金净流量现值 = 退回押金现值 - 押金支出 - 每月租金支出现值$$

$$退回押金现值 = \frac{退回租金}{复利终值系数}$$

$$每月租金支出现值 = \sum \frac{每年租金}{(1 + 存款利率)^n}$$

$$购房现金流量现值 = 住房出售价款现值 - 购房首付款 - 每月房贷支出现值$$

$$住房出售价款现值 = \frac{住房出售价款}{复利终值系数}$$

$$每月房贷支出现值 = \frac{每月房贷支出}{年金现值系数}$$

下面我们通过净现值法比较为李先生分析并决策。

案例 5.3

李先生看中一处房产，如果租房，房租每月 3 万元，押金 3 个月；如果购房总价 800 万元，首付 300 万元，可获得 500 万元、利率为 6%、期限 20 年的房屋抵押贷款。假设李先生确定要在该处住满 5 年，房租每年上调 1.2 万元，以存款利率 3% 为机会成本的计算依据。

试问，李先生是购房划算还是租房划算？

首先我们需要计算李先生的贷款月供：

$$房贷本利平均摊还额 = \frac{房贷总额}{标准年金现值系数(P/A, 6\%, 20)}$$

$$= \frac{500 \, 万元}{11.47}$$

$$= 435 \, 920 \, 元$$

然后计算租房净现金流量现值：

$$租房现金流入量现值 = \frac{回收押金}{复利终值系数(F/P, 3\%, 5)}$$

$$= \frac{90 \, 000}{1.03^5}$$

$$= 77 \, 635 \, 元$$

$$每年的租金支出现值 = \sum \frac{每年租金支出}{1.03^n}$$

$$= \frac{360 \, 000}{1.03} + \frac{372 \, 000}{1.03^2} + \frac{384 \, 000}{1.03^3} + \frac{396 \, 000}{1.03^4} + \frac{408 \, 000}{1.03^5}$$

$$= 1 \, 780 \, 090 \, 元$$

则

$$租房净现金流量现值 = 回收押金现值 - 押金 - 每年房租现值$$

$$= 77 \, 635 - 90 \, 000 - 1 \, 780 \, 090$$

$$= -1 \, 767 \, 725 \, 元$$

再计算购房净现金流量现值：

$$购房现金流入现值 = \frac{5 \, 年后售房所得}{1.03^5}$$

$$现金流出现值 = 首付款 + 每年房贷的现值$$

$$= 3 \, 000 \, 000 + \frac{435 \, 920}{1.03} + \frac{435 \, 920}{1.03^2} + \frac{435 \, 920}{1.03^3} + \frac{435 \, 920}{1.03^4} + \frac{435 \, 920}{1.03^5}$$

$$= 4 \, 996 \, 385 \, 元$$

$$购房净现金流量现值 = \frac{5\ 年后售房所得}{1.03^5} - 4\ 996\ 385$$

最后比较两者现金流量现值，如果购房现金净流量现值 > 租房现金净流量现值，则购房划算。即 $\frac{5\ 年后售房所得}{1.03^5} - 4\ 996\ 385 > -1\ 767\ 725$ 元，购房划算。

5 年后售房净所得 = 5 年后售房房价 - 5 年后房贷余额现值 > 3 742 017

5 年后房贷余额现值 = 每年还款额 × 年金现值系数(P/A, 6%, 15)

$$= 435920 \times 9.712$$

$$= 4\ 233\ 665\ 元$$

5 年后售房房价 > 5 年后房贷余额现值 + 5 年后售房净所得

$$= 3\ 742\ 017 + 4\ 233\ 665$$

$$= 7\ 975\ 672\ 元$$

由此，我们可以作出结论，如果 5 年后此房屋售价高于 7 975 672 元，则李先生购房划算；反之，则租房划算。

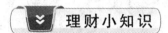

房地产投资的七种模式

随着住房制度的改革和福利分房的取消，住房消费已经成为城镇居民消费的首要消费。在住房消费的广阔市场中，住房投资应运而生。如何选择适合自己经济状况的住房投资很重要。住房投资有以下七种形式：

(1) 直接购房模式。

住房实物投资是直接投资，即投资者用现款或分期付款的方式直接向房主或房地产开发商购买住房，或出售或出租以获取投资回报。这是一种传统的投资方式，也是住房投资者目前最常用的一种方式。

(2) 合建分成。

合建分成就是拆旧建新，共售分成。这种操作手法要求投资者对房地产整套业务相当精通才能操作。

(3) 以旧翻新。

以旧翻新就是把旧楼买来或租来，投入一笔装修费，以提高该楼的附加值，然后将装修一新的楼宇出售或转租，从中赚取利润。

(4) 以租养租。

以租养租就是长期租赁低价楼宇，然后以不断提升租金标准的方式转租，从中赚取租金养租。如果投资者刚开始做房地产生意，资金不足，那么这种投资方式比较合适。

(5) 以房换房。

以洞察先机为前提，看准一处极具升值潜力的房产，在别人尚未意识到之前，以优厚条件采取以房换房的方式获取房产，待时机成熟再予以转售或出租从中谋利。

(6) 以租代购。

以租代购指开发商将空置待售的商品房出租并与租户签订购租合同，若租户在合同约定的期限内购买该房，开发商即以出租时所定的房价将该房出售给租住户，所付租金可冲抵部分购房款，待租户交足余额后，即可获得该房的完全产权。

(7) 到拍卖会上淘房。

目前，许多拍卖公司都拍卖各类房产。这类房产一般由法院、资产公司或银行等委托拍卖，基于变现的需要，其价格往往只有市场价格的70%左右，且权属一般都比较清晰。

项目二　购房融资

选定住房并谈妥价格之后，对于资金不充裕的购房者而言，就可能需要向银行申请抵押贷款。

抵押贷款是一种以还贷为前提条件、从借款人到贷款人的对资产权利的转移，该权利是对由借款人享有赎回权的债务偿还的保证。因此，当个人或家庭以抵押贷款方式获得住房时，房屋的产权实际已经转让给贷款银行，个人或家庭只能在贷款债务全部还清后才能获得该房产的产权。

个人住房商业性贷款，又称"按揭"，是银行用其信贷资金所发放的自营性贷款。具体指具有完全民事行为能力的自然人，购买本市城市自住住房时，以购买的产权住房为抵押，作为偿还贷款的保证而向银行申请的住房商业性贷款。

目前，商业性住房贷款有三种贷款担保方式可供借款人选择：住房抵押、权利质押和第三方保证。借款人可以根据自己情况，选择其中一种。

若以住房抵押作贷款担保，贷款银行可接收的抵押物有两种：所购买的住房、自己已经拥有(有产权)的住房。如果借款人以所购住房作抵押，按贷款银行的规定，则不需要对抵押物进行评估，对借款人来说，可以节省一笔评估费用；如果以自己已经拥有产权的住房作抵押，该抵押物则需要经过银行指定的评估机构进行评估，抵押人需要支付一笔评估费用，目前评估费用是按照政府规定的房地产评估收费标准收费的。以住房作贷款担保，借贷双方要按有关法律规定到房地产管理机关办理抵押物登记手续，抵押登记费用由借款人承担，借款人选择抵押作贷款担保方式，还需按规定到贷款银行认可的保险公司购买抵押物财产保险和贷款保证保险，并明确贷款银行为本保险的第一受益人，且保险期不短于贷款期以及保险金额不低于贷款的全部本息，抵押期间保险单由贷款银行保管，保险费用由借款人承担。采取抵押担保方式，借款人要支付抵押登记费用、保险费用和抵押物评估费用，如果借款人经济条件较为富足，这种方式是较为理想的选择，也是银行最愿意接受的贷款担保方式。

若以权利质押作贷款担保，银行可接收的质押物是特定的有价证券和存单，有价证券包括国库券、金融债券和银行认可的企业债券，存单只接收人民币定期储蓄存单。借款人申请质押担保贷款，质押权利凭证所载金额必须超过贷款额度，即质押权利凭证所载金额要至少大于贷款额度的 10%。各种债券要经过银行鉴定，证明真实有效，方可用于质押。人民币定期储蓄存单要有开户银行的鉴定证明及免挂失证明。借款人在与银行签订贷款质押合同的同时，要将有价证券、存单等质押物交由贷款银行保管，并由贷款银行承担保管责任。如果借款人要求进行公证，双方可以到公证机关办理公证手续，公正费用由借款人承担。选择质押贷款担保方式，要求借款人有足额的金融资产，依靠这些金融资产完全可以满足购房消费的需要，只是购房时难以变现或因变现会带来一定损失而不想变现。

若以第三方保证作贷款担保，则需要借款人提供贷款银行认可的保证人，按照贷款银行的规定，保证人必须为企业法人，为借款人提供贷款保证为不可撤销的连带责任保证。借款人选择这种担保方式，首先要了解银行认可的第三方法人保证人需具备的条件，从银行的有关贷款规定来看，借款人要提供第三方法人的营业执照复印件；第三方法人能独立核算，自负盈亏；企业有健全的管理机构和财务管理制度，有相当于 AA 级以上的企业信用等级；在贷款银行开有存款户；无重大债权债务纠纷等。若第三方法人不符合这些条件中任何一条，都不能通过贷款银行的审查，虽然资信好的非公益事业单位法人按规定也可以为本单位职工提供贷款担保，但需要贷款银行认可才行。选择第三方保证作贷款担保有一定难度，原因在于首先第三方法人是否愿意做这种承担连带责任的保证人；其次，第三方法人做承担连带责任的保证人的资格是否会被银行认可。因此，对大多数购房借款人来说，这种方式不易实现。当然产权单位按照房改政策出售公有住房，愿为职工提供贷款担保除外，但仍存在银行要对担保资格审查的问题。

任务一：商业性住房贷款条件

商业性住房消费贷款是商业银行以自营资金为来源对个人发放的用于购买、建造、大修自住住房的贷款。商业性住房消费贷款的资产、负债和收益按期纳入商业银行业务报表系统。

从 1998 年开始，商业性住房消费贷款不受商业银行贷款规模限制，人民银行只对商业银行商业性住房消费贷款实行指导性计划管理，只要借款人符合贷款条件，商业银行均可在资产负债比例要求的范围内发放住房消费贷款，所有商业银行均可办理商业性住房消费贷款业务。贷款条件如下：

(1) 有当地常住户口或有效居留身份；
(2) 有稳定的职业和收入；
(3) 信用良好，有按期偿还贷款本息能力；
(4) 有贷款人认可的资产作抵押或质押；
(5) 有购买住房的合同或协议；
(6) 住房价格基本符合机构评估价格；
(7) 有 20%的存款或现金做为首付款。

任务二：商业性房贷申请

申请住房抵押贷款有以下几个主要步骤：

(1) 购房者填写贷款申请表，会见贷款机构并提交自己的工作证明、收入证明、财产证明、现有负债状况证明。个人住房贷款申请表示例如表5-4所示。

表5-4 个人住房贷款申请表

××银行××市分行个人住房贷款申请表

致：××银行××市分行＿＿＿＿＿＿＿＿＿

编号：

借款申请人及配偶基本情况	姓名		性别		身份证件种类
	证件号码		婚姻状况	年龄	
	现居住地址(邮寄地址)		户籍所在地		
	文化程度		邮编		
	住宅电话		手机		
	工作单位全称			职务	
	单位地址			单位电话	
	单位性质	1. 国企 2. 集企 3. 机关 4. 事业 5. 股份制 6. 民营 7. 三资 8. 其他			
	本人身份	1. 公务员 2. 医护 3. 教师 4. 执业律师 5. 金融从业 6. 企业高管 7. 自雇 8. 其他			
	配偶姓名		年龄	身份证件号码	
	工作单位全称			单位电话	
	单位性质	1. 国企 2. 集企 3. 机关 4. 事业 5. 股份制 6. 民营 7. 三资 8. 其他			
	本人身份	1. 公务员 2. 医护 3. 教师 4. 执业律师 5. 金融从业 6. 企业高管 7. 自雇 8. 其他			

家庭收支情况	申请人月收入	元	配偶月收入	元
	家庭其他月收入	元	家庭月收入	元
	供养人数	人	家庭月支出	元

	资产类型	价值	负债类型	余额	月还款额	起止时间
家庭资产负债情况	房产	万元	购房贷款	万元	元	
	汽车	万元	购车贷款	万元	元	
	存款	万元	其他贷款	万元	元	
	有价证券	万元	其他负债	万元	元	
	其他资产	万元				
	资产合计	万元	负债合计	万元	元	

续表

<table>
<tr><td rowspan="11">拟购房屋及贷款情况</td><td>售房人</td><td colspan="3"></td><td>联系电话</td><td colspan="3"></td></tr>
<tr><td>房屋地址及房号</td><td colspan="7"></td></tr>
<tr><td>房屋类型</td><td colspan="7">1. 一手住房　　2. 二手住房　　3. 散盘　　4. 其他：_____</td></tr>
<tr><td>房屋性质</td><td colspan="7">1. 经济适用房　2. 普通商品房　3. 别墅　4. 高档商品房　5. 其他：__</td></tr>
<tr><td>房屋建筑面积</td><td>m²</td><td>成交单价</td><td>元/m²</td><td>成交总价</td><td colspan="3">元</td></tr>
<tr><td>首付款来源</td><td colspan="2">自有资金（　）
其他借款（　）</td><td>首付金额</td><td>元</td><td>首付比例</td><td colspan="2">%</td></tr>
<tr><td>购房合同编号</td><td colspan="7"></td></tr>
<tr><td>申请贷款金额</td><td colspan="2">元</td><td>贷款成数</td><td>%</td><td>贷款期限</td><td colspan="2"></td></tr>
<tr><td>还款方式</td><td colspan="7">等额本息法（　）　　等额本金法（　）　　其他：</td></tr>
<tr><td rowspan="2" colspan="8"></td></tr>
<tr></tr>
</table>

担保方式	抵押物名称		评估净值	元	抵押人	
	与申请人关系				联系电话	
	保证人				与申请人关系	
	联系地址				联系电话	

声明	(1) 本人承诺上述各项资料属实，且随本申请表报送的资料复印件可留存贵行作为备查凭证。本人知道所有提供的信息将经过贵行调查核实，如资料不实，给贵行带来不良后果的，本人愿承担相应法律责任； (2) 若本人工作单位、联系电话等重要内容发生变化，将及时主动告知贵行； (3) 经贵行审查，因不符合规定条件而不予发放贷款，本人无异议； (4) 本人保证在取得贵行贷款后，按时足额偿还贷款本息。 <div align="right">申请人签章： 年　　月　　日</div>

　　注：对于两个（含）以上非夫妻关系自然人共同申请贷款的，各共同借款人应分别填写本申请表。

(2) 贷款银行审批材料，核实申请者信用度，主要确定贷款者的最高贷款额度。

(3) 申请通过，贷款银行通知申请人，与申请人签订保证合同。

(4) 申请人本人到银行网点办理投保、贷款等有关手续。

(5) 银行划转资金，申请人获得贷款。

任务三：商业性房贷还款

办理住房贷款申请的同时，购房者就需确定好自己的还款方式。个人住房贷款一般说来有如下五种基本还款方式：

一、到期一次还本付息法

到期一次还本付息法只适用于期限在一年之内(含一年)的贷款。它规定了贷款者需在贷款期满一次还清期初的本金和贷款期利息。到期本息和的计算公式如下：

$$到期本息和 = 本金 \times (1 + 年利率)$$

或

$$到期本息和 = 本金 \times [1 + 月利率 \times 贷款期(月)]$$

案例 5.4

牛先生于 2008 年 12 月 25 日向银行申请短期房贷 100 000 元，银行贷款利率为 6%，则到期时需还款金额计算过程如下：

(1) 若贷款一年，则 2009 年 12 月 25 日还款金额为

$$
\begin{aligned}
到期本息和 &= 本金 \times (1 + 年利率) \\
&= 100\,000 \times (1 + 6\%) \\
&= 106\,000 \ 元
\end{aligned}
$$

(2) 若贷款 9 个月，则 2009 年 9 月 25 日还款金额为

$$
\begin{aligned}
到期本息和 &= 本金 \times [1 + 月利率 \times 贷款期(月)] \\
&= 100\,000 \times \left(1 + 9 \times \frac{6\%}{12}\right) \\
&= 104\,500 \ 元
\end{aligned}
$$

二、等额本金还款法

等额本金还款法指还款期内按期等额归还贷款本金，并同时还清当期未归还的本金所产生的利息。还款方式可以是按季还款或按月还款。其计算公式如下：

$$每期归还本金 = \frac{贷款金额}{贷款期数}$$

$$本期利息 = 当期未归还本金 \times 贷款利率$$

$$当期还款金额 = 当期归还本金 + 当期利息$$

这种方法的第一个月还款额最高，以后逐月减少。

案例 5.5

马先生于 2008 年 8 月向银行申请 7 成 20 年按揭贷款购买一套总价款为 50 万元的住房，银行贷款利率为 6%。采用按月等额本金还款方式。

马先生需每月归还本金为

$$每期归还本金 = \frac{贷款金额}{贷款期数}$$

$$= \frac{50 \text{ 万元} \times 70\%}{20 \times 12}$$

$$= 1458.33 \text{ 元}$$

第一个月归还利息为

$$本期利息 = 当期未归还本金 \times 贷款利率$$

$$= 35 \text{ 万元} \times \left(\frac{6\%}{12}\right)$$

$$= 1750 \text{ 元}$$

第一个月归还本息和为

$$1458.33 + 1750 = 3205.33 \text{ 元}$$

第二个月归还利息为

$$本期利息 = 当期未归还本金 \times 贷款利率$$

$$= (35 - 0.145\,833) \text{万元} \times \left(\frac{6\%}{12}\right)$$

$$= 1742.71 \text{ 元}$$

第二个月归还本息和为

$$1458.33 + 1742.71 = 3201.04 \text{ 元}$$

...

最后一个月归还利息为

$$(35 - 0.145\,833 \times 239) \text{万元} \times \left(\frac{6\%}{12}\right) = 7.30 \text{ 元}$$

最后一个月归还本息和为

$$1458.33 + 7.30 = 1665.63 \text{ 元}$$

三、等额本息还款法

等额本息还款法即从使用贷款的第二个月起，每月以相同的额度平均摊还贷款的本金和利息。其每月还本付息额的计算公式如下：

$$每月等额还本付息额 = \frac{贷款本金 \times 月利率 \times (1 + 月利率)^{还款期数}}{(1 + 月利率)^{还款期数} - 1}$$

案例 5.6

马先生于 2007 年 12 月向银行申请 6 成 10 年按揭贷款购买一套总价款为 40 万元的住房，银行贷款利率为 6%。采用按月等额本息还款方式还款。

马先生每月需还款(月供)为

$$每月等额还本付息额 = \frac{贷款本金 \times 月利率 \times (1+月利率)^{还款期数}}{(1+月利率)^{还款期数} - 1}$$

$$= \frac{240\,000 \times 0.5\% \times (1+0.5\%)^{120}}{(1+0.5\%)^{120} - 1}$$

$$= 2664.492 \, 元$$

我们还可以计算出马先生每月具体的还款情况，如表 5-5 所示。

表 5-5　个人房贷分期付款计算表　　　　　　　　　　　元

还款期数	还款金额	未还本金	当期利息
第 1 期	2664.492	240 000	1200
第 2 期	2664.492	238 535.508	1192.6775
第 3 期	2664.492	237 063.6934	1185.3185
第 4 期	2664.492	235 584.5199	1177.9226
第 5 期	2664.492	234 097.9504	1170.4898
…	…	…	…
…	…	…	…
第 119 期	2664.492	5289.2815	26.4464
第 120 期	2664.492	2651.2359	13.2562
合　计	319 739.05		79 739.05

算一算　如果马先生贷款 30 年呢？

四、等比递增还款法

等比递增还款法是把还款期限划分为若干时间段，在每个时间段内月还款额相同，但下一个时间段比上一个时间段的还款额按一个固定比例递增。

五、等额递增还款法

等额递增还款法与等比递增还款法基本相同，只是把固定比例改为固定金额。

任务四：住房公积金贷款条件

住房公积金贷款是指由各地住房公积金管理中心运用个人以其所在单位所缴纳的住房公积金，委托商业银行向购买、建造、翻建、大修自住住房的住房公积金缴存人和在职期间缴存住房公积金的离退休职工发放的房屋抵押贷款。

相对于商业住房贷款，住房公积金贷款具有利率较低、还款方式灵活、首付比例低的优点，缺点在于手续繁琐、审批时间长。

住房公积金贷款的具体贷款政策由各地区的住房公积金管理中心制定，各地的住房公积金贷款的贷款条件、贷款期限、贷款金额等都各不相同，因此，借款人在申请时最好先到当地的住房公积金管理中心网站查询相关政策或致电咨询。

申请住房公积金购房贷款基本条件主要包括三个方面：贷款对象、贷款用途、住房贷款基本条件，下面我们来详细解析：

一、贷款对象应当符合以下四个条件

(1) 只有参加住房公积金制度的职工才有资格申请住房公积金贷款，没有参加住房公积金制度的职工就不能申请住房公积金贷款。

(2) 参加住房公积金制度者要申请住房公积金个人购房贷款还必须符合申请贷款前连续缴存住房公积金的时间不少于六个月的条件。因为，如果职工缴存住房公积金的行为不正常，时断时续，说明其收入不稳定，发放贷款后容易产生风险。

(3) 配偶一方申请了住房公积金贷款，在其未还清贷款本息之前，配偶双方均不能再获得住房公积金贷款。因为住房公积金贷款是满足职工家庭住房基本需求时提供的金融支持，是一种"住房保障型"的金融支持。

(4) 贷款申请人在提出住房公积金贷款申请时，除必须具有较稳定的经济收入和偿还贷款的能力外，没有尚未还清的数额较大、可能影响住房公积金贷款偿还能力的其他债务。当职工有其他债务缠身时，再给予住房公积金贷款，风险就很大，违背了住房公积金安全运作的原则。

二、贷款必须专款专用

住房公积金贷款仅限于购买具有所有权的自住住房，而且所购买的住房应当符合市公积金管理中心规定的建筑设计标准。职工购买使用权住房的，不能申请住房公积金贷款。

三、具备一般住房贷款应具备的条件

住房公积金贷款申请人应当有相当于购买住房价格的 20%或以上的自筹资金。

公积金贷款额度的计算公式如下：

公积金贷款额度 = 借款人家庭月工资收入之和 × 0.4(还款能力系数) × 12 个月 × 贷款年限

案例 5.7

陈先生一家三口，本人是网络工程师，月收入 6000 元；太太是某医院护士，月收入 3000 元；6 岁的女儿读小学。如果陈先生使用公积金贷款 15 年购房，他的贷款额度是多少？

贷款额度 = 借款人家庭月工资收入之和 × 0.4(还款能力系数) × 12 个月 × 贷款年限
　　　　　 = (6000 + 3000) × 0.4 × 12 × 15
　　　　　 = 648 000 元

任务五：住房公积金贷款申请

住房公积金贷款申请流程如图 5-1 所示。

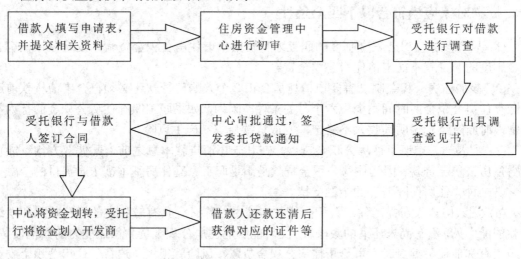

图 5-1　住房公积金贷款申请流程

任务六：住房公积金支取

住房公积金除了可以用来贷款购买房屋等，还可以提取。有下列情形之一的，可以提取职工住房公积金账户内的存储金额：

(1) 购买、建造、翻建、大修自住住房的；

(2) 离休、退休的；

(3) 完全丧失劳动能力，并与单位终止劳动关系的；

(4) 出境定居的；

(5) 偿还购房贷款本息的；

(6) 房租超出家庭工资收入的规定比例的。

住房公积金支取申请表示例如表 5-6 所示。

表 5-6 ××省直单位职工住房公积金(住房补贴)支取申请(审批)表

年　　月　　日

单位名称		单位住房公积金专户账号	
职工姓名		个人账号	
阳光住房公积金卡号		联系电话:	

支取金额(大写):	千	百	十	万	千	百	十	元	角	分

单位审核意见	个人申请	本人因　　　　需提取住房公积金,请予批准。 申请人: 　　年　月　日	中心审批意见: 初审人: 复审人: 　　年　月　日	承办银行盖章: 　　年　月　日
	单位意见	加盖单位行政公章 单位经办人: 　　年　月　日		

备注:

服务热线：0731-5166582 (中心)　5363707(银行)

省直单位住房公积金网址：WWW.xzgjj.com

✎ **理财小技能** ▰ **利用房贷计算器快速计算房贷**

步骤一：在网络上搜索"房贷计算器"(最新)，点击打开，如图 5-2 所示。

| 房贷计算器 | 税费计算器 | 提前还贷计算器 | 公积金贷款额度查询 |

贷款类别：　商业贷款

计算方式：　根据面积、单价计算

房屋单价：　请输入房屋单价　　　　　　　　　　　　元/平米

房屋面积：　请输入房屋面积　　　　　　　　　　　　平方米

按揭成数：　6.5成

按揭年数：　25年（300期）

贷款利率：　15年10月24日基准利率（基准利率）　　4.9　　%

还款方式：　⦿ 等额本息　　○ 等额本金

开始计算　　　　清空重填

图 5-2　房贷计算器

步骤二：选择房贷类别、计算方式、按揭年数、房贷利率、还款方式等，并填入对应数字。

如张三准备商业贷款 60 万元，贷款期限 25 年(300 期)，银行审批后给予的贷款利率为上浮 10%，采用等额本息还款，则张三应做如下选择。

贷款类型：商业贷款；计算方式：根据贷款总额计算；贷款利率：2015 年 10 月 24 日基准利率(1.1 倍)5.39%；还款方式：等额本息。

贷款总金额：60 万元。

填入相关信息，如图 5-3 所示。

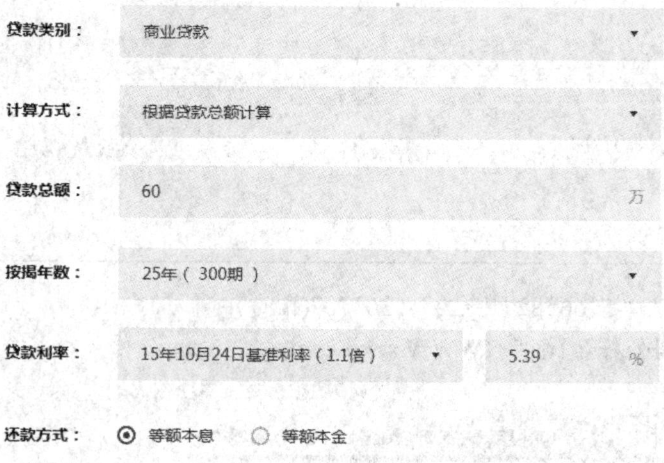

贷款类别：　商业贷款

计算方式：　根据贷款总额计算

贷款总额：　60　　　　　　　　　　　　　　　　　万

按揭年数：　25年（300期）

贷款利率：　15年10月24日基准利率（1.1倍）　　5.39　　%

还款方式：　⦿ 等额本息　　○ 等额本金

图 5-3　填入相关信息

步骤三：点击"开始计算"，在右侧出现计算结果，如图 5-4 所示。

计算结果

每月月供：	**3645**	元
贷款总额：	**600000**	元
支付利息：	**493564**	元
还款总额：	**1093564**	元
还款月数：	**300个**	月

图 5-4　计算结果示例

项目三　房地产投资规划

房产既是个人(家庭)生活的必需品，也是重要的家庭资产构成部分。买房是人生的一件大事，需要好好地规划。

同时，由于国内房价的不断攀升，再加上购房后所需的房屋装修和购置家具电器等费用，以及日后面临多年的贷款偿还，使得怎样合理安排购房相关的财务活动日益成为家庭理财的重要问题。房地产投资规划通过收集购房者的购房预期、装修需求、家电购置需求等信息，结合购房者的自有资金准备情况及商业贷款、公积金贷款的使用情况，帮助购房者进行合理的购房财务安排。

任务一：确定购房目标

根据家庭对住房的基本需求和家庭支付能力的综合考虑，确定自己购房的基本目标，填写如下信息：

希望在_____年_____月购房；

希望购买面积为 _____平方米、每平方米价格为 _____元的房产；

预计装修费用为_____元；

预计购置家具、电器等物品的费用为_____元；

相关税费为 _____元；

届时一共应支付_____元。

一般情况下，不同装修档次的住房，装修、物品购置费用预算如表 5-7 所示。

表 5-7　装修、物品购置费用预算表

装修档次	经济型	舒适型	豪华型
装修费用	5%～10%	15%～20%	30%～40%
物品购置费用	5%～10%	15%～20%	30%～40%

注：以上费用预算比例是与购房总价相比较而言。

购房时税费一览表如表 5-8 所示：

表 5-8　购房税费一览表

税费	契税	印花税	公共维修基金	律师费	房屋买卖手续费
比例	1.5%	0.05%	2%	0.4%	500 元

任务二：作好购房准备

购房者需清晰了解自己的资产负债状况和月度收支情况。填写如下信息，为自己购房作好准备。

家庭目前拥有的总资产为_____元，计划动用其中的_____元作为购房资金，这部分资产的预期年收益为_____%。

家庭的月平均收入(含年终奖)为_____元，月平均支出为_____元(含各种贷款支出)，月度节余_____元，准备将这部分资金的_____元作为购房资金的积累，年收益为_____%。

注意：准备的购房资金包含了用于缴纳税费、住房装修和购置家具与电器的费用。

任务三：审核资金积累状况

根据资金预期投资收益率，确定购房者资金是否足够支付购房首付款(购房款的 3 成)。请填写以下信息：

届时您将拥有_____元的购房基金，在扣除了需要支付的相关税费、装修和购买家电等费用(共计_____元)后，还剩余资金_____元，您可采用首付_____成的按揭方式购房(即_____元)，其余房款采用贷款方式筹集，其中：

申请公积金贷款_____元，贷款期限_____年，利率为_____%；

还需银行按揭贷款_____元，贷款期限_____年，利率为_____%。

以上贷款的还款方式为_____。

如果资金不足，届时您将拥有_____元的购房基金，不足以支付相关税费、装修和购买家电等费用(共计_____元)和 3 成(计_____元)的按揭首付款，尚有资金缺口_____元。可以根据需要及其他情况，进行如下调整：

改变投资途径，提高购房资金的投资收益率到_____%；

降低装修和购买家电费用到_____元。

如果以上调整还不能达到要求，则需推迟您的购房时间。

任务四：计算每月还款金额

计算每月还款金额，看是否在购房者可承受范围内，主要考虑的是不明显影响购房者的日常生活水平。

购房以后，您最多时每月需要偿还贷款_____元，在您的月度收支节余范围之内，购房及还贷基本可行。

任务五：出具购房报告

根据以上分析结果，形成自己的购房报告。

❖ **综合案例**

邱先生今年 25 岁，是一所高校教师，月收入 4500 元，太太是幼儿教师，每月收入 3500 元，小两口计划 5 年后要小孩，现在的单位住房到时将不够住。家庭现有存款 10 万元，月支出 3500 元。

邱先生的住房报告

➢ **购房目标**

邱先生计划在 20××年 1 月购买一套 100 平方米，单价 4000 元的房产。购房相关的税费为 16 300 元。邱先生准备花费的装修费用为 30 000 元，购置家具、电器等的费用为 30 000 元，邱先生一共需要准备 476 300 元。

一般来说，购房需要交纳占总房款 1.5% 的契税、0.5‰ 的印花税、1% 的房屋买卖手续费、10 元的工本费、200 元的公证费及相关数量的律师费和中介费等税费。

➢ **购房准备**

邱先生目前所拥有的总资产为 100 000 元，计划动用其中的 80 000 元作为购房资金，这部分资产的预期年收益率为 10%。

邱先生家庭目前的月平均收入(含年终奖等)是 8000 元，月平均支出是 3500 元，月度结余资金 4500 元。邱先生准备将这部分资金中的 3000 元也用于购房资金的积累，年收益率为 10%。

准备的购房资金包含了用于支付税费、装修及家电的费用。

➢ **购房财务分析**

到 20××年 1 月邱先生将拥有的购房基金为

$$80\ 000 \times (F/P, 10\%, 5) + 3000 \times 12 \times (F/A, 10\%, 5)$$
$$= 80\ 000 \times 1.6105 + 36000 \times 6.1051$$
$$= 128\ 840 + 219\ 784$$
$$= 348\ 624\ 元$$

　　届时邱先生将拥有 348 624 元的购房基金，在扣除了需要支付的相关税费、装修和购买家电等费用(共计 76 300 元)后尚余 272 324 元，邱先生选用了首付七成(计 280 000 元，动用结余资金 20 000 元)的按揭方式购房，其余房款采用贷款方式筹集，详情如下：

　　申请公积金贷款 50 000 元，贷款期限为 10 年，利率为 4.77%；

　　申请银行按揭贷款 70 000 元，贷款期限为 10 年，利率为 7.11%。

　　以上贷款的还款方式为等额本息还款，即每月需要还款 1341.46 元。

　　为便于邱先生的每月还款，邱先生可在银行开立一个还款账户，银行每月从此账户扣除相应金额，邱先生可定期通过柜台现金存入、自助银行存款机存入、网银转账等方式补充该账户金额即可。

　　购房以后，邱先生还款最多的一个月需要偿还贷款 1341.46 元，在邱先生的月度收支节余内，还款可行。

综 合 练 习

　　1. 李四计划在今年年底前贷款 60 万元购买自己的住房，贷款期限 20 年，贷款年利率 6%，采用等额本金还款方式，问：

　　(1) 李四每月还款本金多少元？

　　(2) 李四第一个月还款多少元？

　　(3) 李四最后一个月还款多少元？

　　(4) 李四还款期内共还款多少元？

　　2. 调查了解本市房地产市场现状和未来发展趋势，为自己毕业五年后购房作好规划。

模块六

子女教育规划

　　随着社会对子女教育问题的不断重视和教育支出的不断攀升，家庭子女教育投资规划需求日益突出，而子女教育投资规划工具、规划内容、规划步骤和流程均是制订一个合理完善的子女教育投资规划的必备知识。

本模块目标 ▶▶ ··· • ••••

知识目标

(1) 了解子女教育投资规划的必要性和重要性；
(2) 掌握子女教育投资规划的投资工具及其特点；
(3) 熟悉子女教育投资规划的原则和流程；
(4) 掌握子女教育投资规划实务。

技能目标

(1) 分析家庭财务结构和财务状况；
(2) 估算子女教育费用、计算费用缺口；
(3) 选择教育投资产品、制订教育投资规划并撰写教育规划报告。

素质目标

(1) 严谨认真的工作态度，团队协作的精神；
(2) 教育投资规划能力。

项目一　子女教育投资规划概述

"望子成龙，望女成凤"，父母都希望自己的孩子能够在学业上出类拔萃，在事业上出人头地。然而说起来容易，做起来难。从胎教到幼儿园、小学、初中、高中、大学甚至出国留学，还有补充的校外学习，孩子的每一步成长都需要资金的投入，因此，解决孩子教育金的问题是年轻父母(准父母)们的首要问题。首先，教育金是用来支持孩子从幼儿园至大学教育所需要的资金，它总费用庞大，持续周期长，前后跨度二十年左右，总资金可能比购房支出还多。教育本身的特点决定了父母需要花费更多的时间和精力来进行周密的规划，并长期坚持，避免到时候捉襟见肘，耽误了孩子的教育。其次，在中国内地，随着教育成本的提高以及父母对教育的日益重视，家庭在教育方面的支出也在不断增加。特别是越来越多的父母希望自己的孩子能够接受最优质的教育，纷纷把目光投向一些名牌学校、私立学校，而且课外的辅导班、兴趣班更是价格不菲。教育费用已成为中国内地家庭的主要支出之一。

任务一：认识教育投资规划

教育投资规划包括个人教育投资规划和子女教育投资规划两种。个人教育投资是指对客户本身的教育投资；子女教育投资是指客户为子女将来的教育费用进行计划和投资。对子女的教育投资又可以分为基础教育投资和高等教育投资。当然无论何种教育投资规划，使用的策划方法都是相似的。

教育是一种生产性投资。考虑教育支出的增长和可能的通货膨胀，子女教育费用已经成为家庭仅次于购房的一项支出。面对庞大且逐年增长的教育费用支出，加之子女教育金缺乏时间弹性和费用弹性，教育投资规划意义重大。

任务二：教育投资规划流程

制订教育金计划是一个复杂且专业的过程。它不仅需要家长全面考量目前的情况，还需要根据现有的数据与信息，预测十年、几十年之后的状况，并为此制订规划，并坚持实施。一般来说，可以按照以下流程来制订教育金计划。

(1) 根据客户子女的特点和家庭的实际情况，确定子女的预期教育程度，并根据当前教育的费用水平，估算出目前所需要的费用。子女的个性与能力各不相同，家长对其期望值也会有所差异。幼儿园、小学、初中、高中和大学是绝大部分孩子都必须经历的普通学历教育过程，这部分的费用是必不可少的。之后的硕士、博士教育，或者海外留学，则会因人而异。普通学历教育的费用往往占据整个教育费用的很大比例，估算出预期的教育费用是制订教育金计划的基础。

(2) 为了更精确地了解所需教育金的金额，需要设定一个通货膨胀率，以计算未来孩子入学时所需的实际费用。同时，还需要把教育费用的增长率考虑在内。需要特别提醒的是，在目前情况下，教育费用的增长率一般要比通货膨胀率高。因此，在计算时，还应考虑在通货膨胀率上加上 2 至 3 个百分点，以得到教育费用的增长率。比如，假设未来某阶段的通货膨胀率为 4%，那么，教育费用的增长率则为 6% 至 7%。

(3) 计算出所需要的投资金额和资金缺口。这一步非常重要，因为以后的投资计划都在这个基础上进行。

(4) 根据风险偏好及投资期限，可以选择适当的投资工具并实施理财计划。在选择投资工具时，应考虑诸多因素，包括目前所持有本金、自身的风险承受能力、预期回报等。而在实施理财计划的过程中，也需要经常关注，及时对整个投资计划进行调整。

项目二　子女教育规划实务

教育投资是一种人力资本投资，它不仅可以提高人的文化水平与生活品位，更重要的是它可以使受教育者在现代社会激烈的竞争中占据有利的位置。

随着社会经济的发展，人们的收入水平有了很大提高，为提高教育费用负担水平提供了基本保证。但随着家庭加大了对子女教育的投入，教育费用急剧增加，占家庭支出的比例日益增大，已经成为很多家庭的负担，甚至有的家庭因此而陷入贫困。北京大学中国教育财政科学研究所正式发布了国内首个专门针对中国家庭教育投资支出的大型调查——2017 年中国教育财政家庭调查，其结果揭示了中国家庭教育投资支出的一些信息。据本次调查数据估算，2016 年下学期和 2017 年上学期，全国学前和基础教育阶段，家庭教育支出总体规模约 19 042.6 亿元，占 2016 年 GDP 比重达 2.48%，远高于 2016 年全国教育经费统计中非财政性教育经费占 GDP 比重 1.01% 的结果，总量上相当于财政性教育经费的 60%。

在中国家庭教育投资支出方面，根据以上调查数据，全国学前和中小学教育阶段生均家庭教育支出为 8143 元，其中农村为 3936 元，城镇为 1.01 万元。从家庭教育负担率来看，在非义务教育阶段，不同经济水平的家庭教育支出的负担率差距在拉大，学前阶段最低和最高两组家庭之间相差 7.8%，高中阶段则相差达 20%。中小学阶段学生的校外教育总体参与率为 47.2%，参与校外教育的学生平均费用约为 5616 元，全国校外教育行业总体规模达到 4580 多亿元。在小学阶段，学科类和兴趣类校外教育占家庭校外支出的 86.9%，初中阶段占 81.3%，普高阶段占 87.3%。总的来说，对于中国家庭，教育是一笔重要而又巨额的支出，那么对普通家庭而言在理财时需要做什么准备以应对这笔支出呢？

进行教育储备首先需要提前布局，子女的教育经费需要规划，家庭教育资金的储备需要未雨绸缪，早做打算。

任务一：了解客户家庭成员结构及财务状况

子女教育投资规划是指为实现预期子女教育目标所需要的费用而进行一系列资金管理活动，是为子女将来的教育费用进行策划和投资。子女教育投资包括两个阶段：基础教育投资和高等教育投资。

要制订子女教育投资规划过程中，理财规划师在为客户提供理财规划服务以前，首先要对客户家庭的成员结构和收支水平进行全面的了解。收集完信息以后，通过编制客户的家庭财务报表，将个人(家庭)信息整理归类到资产负债表、现金流量表当中去，并通过对上述两表的分析以及对客户的问询，判断客户对待风险的态度及其风险承受能力。这是理财规划师针对不同客户制订理财规划方案的基础。

任务二：确定客户对子女的教育目标

要明确客户对子女的教育目标，理财规划人员应了解以下一些基本问题：

(1) 确定客户对子女的教育目标。

(2) 子女的重要程度。

(3) 客户的子女目前的年龄是多大？距离教育目标的年限？

(4) 客户希望子女在何时、何地完成该项教育目标？

(5) 客户希望子女在何种类型学校完成该项教育？

子女年龄对客户的投资金额和投资方式起着决定性作用，而学校的性质、地理位置、师资力量、子女的兴趣和学习能力等同样影响教育费用的高低。诸多因素都影响家庭教育规划，家庭教育规划流程如图 6-1 所示。

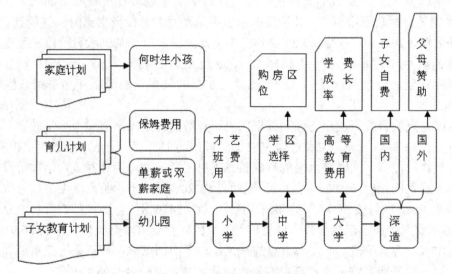

图 6-1　家庭教育规划流程图

任务三：确定子女教育经费需求

明确子女教育经费的需求的进程如下：

(1) 了解目前教育费用，包括学费和生活费；

(2) 设定预计的增长率；

(3) 计算距离入学的尚余年数；

(4) 计算入学时所需费用;

(5) 分别计算如果采用一次性投资计划所需的金额现值和如果采用分期投资计划每月所需支付的年金;

(6) 计算教育费用缺口。

在计算子女教育经费需求的过程中,应当考虑的重点是开始规划的子女年龄(或准备累积的期间),准备积累时间越早,时间复利的收益就越好,没有时间弹性,没有费用弹性是子女教育金的两大特色。面对高学费的挑战,时间会是最好的朋友;越早开始,计划越容易成功。如每月投入 1000 元子女教育金在不同的开始规划年龄产生的效果大不相同,如表 6-1 所示。

表 6-1　规划年龄对效果影响分析表

开始规划的年龄	高等教育金累积期间	平均报酬率 4%
孩子出生起	18 年	31.7 万元
学龄前教育结束	12 年	18.5 万元

假设每个子女每年大学教育费用为 1 万元,则不同规划年龄教育费用详情如表 6-2 所示。

表 6-2　不同规划年龄大学教育费用表

每年大学教育费用/元	儿童现在年龄			
	10 岁	6 岁	3 岁	0 岁
通胀率及学费增长率	距上大学年份			
	8 年	12 年	15 年	18 年
3.0%	12 668 元	14 258 元	15 580 元	17 024 元
5.0%	14 775 元	17 959 元	20 789 元	24 066 元
7.0%	17 182 元	22 522 元	27 590 元	33 799 元
10%	21 436 元	31 384 元	41 772 元	55 599 元

❖ 案例 6.1

预计客户子女将在 18 岁上大学,教育投资计划方式是储蓄,年税后利率为 9%,利息按月支付,并且和本年一起用于下一期的投资(复利),每月存入一笔固定费用用于教育投资计划,每年大学教育费用预计增长率为 6%(包括通货膨胀和费用增长率),现在入学生活费与学费以大学第一年初值计算,总额为 40 000 元。如果目前子女的年龄为 15 岁,则每月的投资额应为多少?

如果目前子女的年龄为 12 岁、8 岁、4 岁或 1 岁,则每月的投资额又各为多少?

若子女目前年龄为 15 岁,则其入学费用与每月投资额为:

$$入学费用 = 40\ 000 \times (1 + 6\%)^3 = 47\ 640.64\ 元$$

每月投资额 = 1157.65 元，其计算公式如下(其中 A 为每月投资额)：

$$47\ 640.64 = A \times \frac{(9\%/12+1)^{36} - 1}{9\%/12}$$

若子女目前年龄为 12 岁、8 岁、4 岁或 1 岁，其入学费用和月投资额如表 6-3 所示(计算过程同上)：

表 6-3   不同年龄的入学费用与月投资额

年龄	12	8	4	1
年数	6	10	14	17
月数	72	120	168	204
入学费用/元	56 740.76	71 633.91	90 436.16	107 710.91
月收益率	0.0075	0.0075	0.0075	0.0075
月投资/元	−597.23	−370.17	−270.35	−224.90

❖ 案例 6.2

客户王先生的儿子今年 6 岁。王先生估计儿子上大学之前的教育费用不多。他的子女教育投资规划目标是：在儿子 18 岁上大学时能积累足够的大学本科的教育费用，并希望有能力继续让儿子深造硕士研究生。王先生目前已经有 3 万元教育准备金，不足部分打算以定期定额投资基金的方式来解决。王先生投资的平均回报率大约为 4%。我国目前大学本科 4 年需要花费 48 000～72 000 元，在这里取中间值 60 000 元。而硕士研究生需要花费 30 000～40 000 元，也取中间值 35 000 元。结合通货膨胀率和大学收费增长、经济增长率等诸多因素，预计教育费用的年平均增长率是 3%～7%，取中间值 5%。

12 年后，王先生的儿子上大学时应准备大学教育费用为

$$60\ 000 \times (F/P, 5\%, 12) = 10\ 7751\ 元$$

已经准备金额为

$$30\ 000 \times (F/P, 4\%, 12) = 48\ 031\ 元$$

尚需准备金额为

$$107\ 751 - 48\ 031 = 59\ 720\ 元$$

每年应提取金额为

$$\frac{59\ 720}{(F/A,\ 4\%,\ 12)} = 3975\ 元$$

每月应提取金额为

$$\frac{3975}{12} = 331\ 元$$

16 年后，王先生的儿子深造硕士研究生时，所需费用为

$$35\ 000 \times (F/P, 5\%, 16) = 76\ 401\ 元$$

每年应提取金额为

$$\frac{76\,401}{(F/A,\,4\%,\,16)} = 3501 \text{ 元}$$

每月应提取金额为

$$\frac{3501}{12} = 292 \text{ 元}$$

所以，从现在到王先生儿子上大学期间，王先生每月必须定期定额提取资金为

$$331 + 292 = 623 \text{ 元}$$

本例的计算过程可由试算表来完成，如表 6-4 所示，

表 6-4 子女教育投资规划模拟试算表

项　目	代号	公　式	数值
子女目前年龄	A		6 岁
距离上大学的年数	B	$= 18 - A$	12 年
距离继续深造年数	C	$= 22 - A$	16 年
目前大学费用总计	D	4 年，48 000～72 000 元	60 000 元
目前深造费用总计	E	2 年，30 000～40 000 元	35 000 元
学费年成长率	F	假设 3%～7%，取中间值 4%	4%
届时大学学费	G	$= D \times (1+r)^n$ $(n=B,\ r=F)$	107 751 元
届时研究生费用	H	$= E \times (1+r)^n$ $(n=C,\ r=F)$	76 401 元
教育资金投资报酬率	I	假设 3%～5%，取中间值 4%	4%
目前教育准备金	J	目前自由储蓄额中预留给子女的教育资金	30 000 元
至上大学时累积额	K	$= J \times (1+r)^n$ $(n=B,\ r=I)$	48031 元
尚需准备大学费用	L	$= G - K$	59 720 元
准备大学费用的月投资额	M	$= \dfrac{L}{\dfrac{(F/A,\ n,\ r)}{12}}$ $(n=B,\ r=I)$	331 元
准备深造费用的月投资额	N	$= \dfrac{H}{\dfrac{(F/A,\ n,\ r)}{12}}$ $(n=C-B,\ r=I)$	292 元
每月定期定额投资额	O	$M + N$	623 元

任务四：选择子女教育金规划工具

随着家庭对子女教育的重视，其支出不断攀升。为保障子女教育的投入，多数家庭会进行子女教育规划，那么规划子女教育金的工具有哪些？子女教育金规划工具分为三大类一般型教育投资工具、专门型教育投资工具以及其他的一些教育金规划工具。无论是哪种教育金规划工具，它们都各具特色、有优有劣。在选择的时候要注意形成组合，优势互补。

一、一般型教育投资工具

1. 银行储蓄存款

在我国，很多传统家庭出自对投资风险的考虑，在为子女积累未来教育金时，一般会选择商业银行的储蓄存款作为投资工具。

2. 政府债券

政府债券具有安全性高、流动强、容易变现且免税的优点，这使其十分适合作为教育投资规划的工具。

二、专门型教育投资工具

1. 教育储蓄

教育储蓄是指个人按国家有关规定在指定银行开户并存入规定数额资金且用于教育目的的专项储蓄，是一种专门为学生支付非义务教育所需教育金的专项储蓄。

教育储蓄的利率享受两大优惠政策：一是免征利息税，二是作为零存整取储蓄将享受整存整取利息，利率优惠幅度在 25%以上。

2. 教育保险

教育保险又被称为教育金保险，它是一种以为孩子准备教育基金为目的的保险。

教育金保险的特点有以下几个：

(1) 专款专用。投保完这一保险要专门设立一个账户用来支付孩子的教育支出，不和家庭其他财产相混淆。

(2) 持续周期长。孩子接受教育是一个很长的时间，至少是十几年。

(3) 阶段性高支出。在孩子接受教育的十几年中，大学学费是阶段性的高支出。

教育金保险具有以下功能：

(1) 保费豁免功能。教育金保险分期购买的过程中，家长一旦因为意外因素遭遇不幸，保险公司出于人道主义关怀，为了孩子的人生发展将免去剩下几期的所有保费，仍然能够给予孩子最好的保障。这是教育金保险保障孩子成长的突出优势。

(2) 强制储蓄功能。孩子长大成人的数十年内，家庭中财务状况不一定总是一帆风顺，如若遇到特殊情况可能会挪用预计要给孩子的教育经费。而购买了教育金保险之后，如果不续交保费，那么保单会直接取消，因此能够强制储蓄下教育资金，有助于执行良好的教育金储蓄计划，同时又能够给予孩子安全保障。

(3) 集保障和理财功能于一身。教育金保险对于家长和孩子意外伤残、身故等情况都能给予赔偿，具备基础的保障功能。同时教育金保险也具备理财的作用，到期及时续保能够定期领取教育金，这笔教育金包括公司的分红，分红一般比银行的定期存款收益率更高，在较长的回报期间内能源源不断地返回教育金。

教育金保险是一种专门给孩子投保且带有储蓄与保障两种功能的保险，它有不同的类型，有的对年龄有规定，有的没有规定，分为非终身型教育金和终身型教育金。

(1) 非终身型教育金。这种类型的教育金是真正的"专款专用"型教育金。也就是说保险账户返还的保险金完全针对孩子的教育阶段，通常在孩子接受高中和大学这两个重要时间节点开始返还保险金，到孩子大学毕业或创业阶段再一次性返还账户中剩余的保险金，保险合同就此终止。这一类的教育金对年龄的限制是 25 岁以下，大于 25 岁就不在教育金的返还范围。

(2) 终身型教育金。终身型教育金是指终身返还保险金的类型，它考虑到孩子一生的变化，返还方式和非终身型教育金不同，是几年返还一次。在孩子小时候可以用作教育金，年老时可以转换为养老金。也就是说这类教育金对年龄没有限制，被保险人活到什么时候就能返还到什么时候。

购买教育金保险作为孩子的教育金规划工具，家长的收入不用有多高，但是却要求收入够稳定。因为教育金保险购买之后，就需要每年按照约定缴纳保费，有稳定的收入才能保证每年都能及时缴纳保费。

投保教育金保险的注意事项为以下几点：

(1) 先保障再教育。有的父母在没有为孩子购买人身保障保险之前就为孩子投保教育金，这是本末倒置的行为，应该先投保人身保险再投保教育金。

(2) 了解清楚豁免范围。教育金一般都带有投保人豁免条款，投保前应了解清楚豁免范围及条件是什么，以免投保人失去缴纳保费能力造成孩子的保障受到影响。

(3) 兼顾保障功能。市面上有些保险不仅可以得到教育金返还，还能保障身故、重疾，选择这类教育金能够使保险的保障利益最大化。

(4) 做好缴费准备。一旦成功投保教育金，就要长时间缴纳定额保费，因此父母要做好长期缴费准备，避免保费中断。

3. 子女教育信托

对于收入较高的家庭，可以将其财产所有权委托给受托人(如信托机构)，使受托人按照信托协议的约定为受益人(如孩子)的利益或特定目的，管理或处分信托财产。

在子女教育创业信托中，就是由父母委托一家专业信托机构帮忙管理自己的一笔财产，并通过合同约定这笔钱用于将来孩子的教育和生活。

三、其他子女教育金规划工具

除了以上两种子女教育金规划工具外，还有其他的一些教育金规划工具，例如股票、教育理财产品等，这些主要是针对想要获得更高收益的家庭的，虽然收益高，同时风险也高，需要慎重选择。此类教育理财产品适合收入高的家庭，不用多稳定，但是一定要收入高，只有高收入的家庭才能有能力去承担失去本金的风险，这些本金对于高收入家庭来说影响并不大，但是对于低收入家庭来说，失去的本金可能对家庭的正常生活造成严重影响。以下简单地举例介绍几种工具。

1. 股票

股票的投资风险比较大，基于稳健性原则，一般教育规划不鼓励客户采用风险较高的投资工具实现教育目标。

2. 证券投资基金

证券投资基金是一种较为理想的个人理财规划工具。基金是资金共聚、利益共享、风险共担的集合投资方式，与股票相比，基金是一种风险较低、收益较好的投资工具。

3. 黄金投资

黄金投资具有价值较高，投资形式多样的特点，而且是一种很好的抗通保值的投资品。

教育金的筹备是一个日积月累的过程，父母为子女选择教育金规划工具时，要结合自身的条件，制订出适合自己的教育金计划。为了能够实现家庭的理性投资，保证孩子教育金的安全，对于那些收益性较高的产品父母要慎重对待。

❖ **案例 6.3**

中产家庭子女教育规划方案

"望子成龙，望女成凤"是每个父母的心愿。如何为子女筹集一笔充足的教育经费成为父母们的心头大事。据中国人民银行的调查显示，城乡居民储蓄的目的中，子女教育费用排在首位，所占比例接近 30%，位列养老和住房之前。

由于学费逐年上涨，家长们积攒子女教育经费的压力陡增，子女教育费用已经成为仅次于购房的一项重大家庭支出。子女教育费用需求也成为家庭理财的重要需求，家长们应该尽早规划。

一、理财背景

家庭现状：秦先生今年 38 岁，在一个外企担任高管，妻子在媒体做编辑，两人年收入约 100 万元左右。他们的儿子 12 岁，今年小学毕业，准备上初中。秦先生夫妇准备让儿子留学英国，为此他们希望能够及早为儿子准备好教育金。

家庭资产：拥有市场价值 200 万元的房产，因为今年已经加息了两次，明年的按揭压力将会加大，秦先生与妻子商量，把按揭贷款全部还清。秦先生平时工作较忙，而他的妻子比较有理财意识，在今年火热的基金行情中，他们购买了平衡型基金 30 万元，另外银行还有存款 50 万元；有一辆价值 10 万元的家庭轿车。秦先生的家庭资产负债表如表 6-5 所示。

表 6-5　秦先生家庭资产负债表

资产项目	金额/万元	负债项目	金额/万元
存款	50	房屋贷款	0
基金	30	汽车贷款	0
自住房产	200		
家庭汽车	10	负债合计	0
资产合计	290		
净资产		290	

支出方面：秦先生每年家庭全部生活开销约 30 万元左右；儿子现在上小学六年级，除了在学校正常上课外，秦先生还为儿子报了几项课后班，每年的教育费用大概 4 万元；每年汽车支出大约 5 万元，旅游支出 5 万元，赡养双方父母的费用每年 4 万元。秦先生夫妇没有任何商业保险支出。秦先生的家庭收支损益表如表 6-6 所示。

表 6-6　秦先生家庭收支损益表

收入项目	金额/万元	支出项目	金额/万元
薪金收入	100	生活费支出	30
基金收益	9	孩子抚养费学费支出	5
		汽车支出	5
		旅游支出	5
		赡养费	4
收入合计	109	支出合计	49
每年净储蓄		60	

近期理财目标：6 年后儿子到英国的教育费用。

二、理财分析

秦先生的家庭处于稳定期，收入稳定，具有较强的风险承受能力。因为具有较高的收入和较强的理财意识，他们已经基本完成了购房规划和购车规划，近期主要理财目标是子女教育规划。

因为子女教育金最没有时间弹性和费用弹性，也就是说到了孩子该上学的时候父母必须准备好应有的教育金，所以子女教育金应该提早规划。秦先生希望儿子到英国读书，英国目前留学花费大约每年需要 20 万元，以留学三年计所需留学经费现值为 60 万元。而且高等教育的学费年年上涨，上涨率普遍要高于通货膨胀率。这笔支出属于阶段性高支出，应该提前筹备，否则届时难以负担。

初步测算，秦先生儿子初中、高中以及到英国留学的教育经费现值约 75 万。因为秦先生家的储蓄率较高，具有较好的资产结构，基本可以用目前的储蓄和今后的储蓄来完成教育经费的积累。

秦先生是家庭的主要收入来源，收入结构也主要以薪金收入为主，应当注意防范家庭收入中断的风险。目前他们夫妇二人都没有购买保险，应当在保险方面尽早规划。

三、理财规划

1. 保险规划

为防范家庭收入中断的风险，首先要进行保险规划。秦先生夫妇没有买过商业保险，提高保险保障是十分必要。

子女教育金的准备是缺乏时间弹性的，6 年后无论家庭情况如何，孩子的高等教育都不能耽误。因此建议夫妻两人购买保额为 100 万元左右的定期寿险，保障期限 10 年，防止家庭意外变故而影响子女的高等教育。

秦先生夫妇虽然还没有进入疾病高发期，但应该提早预防，提早准备。可以考虑购买重大疾病和住院医疗险，重疾险保额每人 20 万左右，合计 40 万元。秦先生因为经常出差，还应该投保意外险，保额 100 万左右，以防万一发生意外，影响到家人的生活。

以上两项保额合计为 240 万元，相当于家庭净资产的数额，与资金需求相关，每年的保费支出在 2 万元左右。

2. 教育金规划

因为秦先生的儿子到国外留学还有 6 年的时间，秦先生可以选择平衡性基金作为教育基金，预计平均每年的回报为 3%～5%，如果暂时不考虑教育费用增长率的话，则需要建立一支 60 万元的基金，6 年后基金的价值将会达到 75 万元。

秦先生也可以选择用基金定投的方式积累教育基金。基金定投业务是指在一定的投资期间内，投资人以固定时间、固定金额申购某只基金产品的业务。基金管理公司接受投资人的基金定投申购业务申请后，根据投资人的要求在某一固定期限(以月为最小单位)从投资人指定的资金账户内扣划固定的申购款项，从而完成基金购买行为。基金定投类似于银行的零存整取方式。一般来说，基金定投比较适合具有特定理财目标需要的父母(如子女教育基金、退休金计划)和刚离开学校进入社会的年轻人。

对秦先生家庭来说，通过基金定投，可以使小钱变大钱，每月大概需要投资基金 1 万元，6 年后也可以积累一笔价值 75 万元左右的教育基金。

综合练习

案例分析：客户李磊家庭子女教育投资规划

一、家庭基本状况与财务状况

客户李磊先生，45 岁，海归博士学历，在北京一风险投资管理公司担任市场总监，过去 1 年税前月薪 8 万元，年终奖金 50 万元。配偶王怡女士，43 岁，为北京一高校专职教师，过去 1 年税前月薪 1 万元，年终奖金固定为 6 个月的薪资收入，两人均按北京市职工缴费标准缴纳"四险一金"。目前李磊的社保养老金缴费年数为 18 年，王怡的缴费年数为 16 年。大女儿李子怡，15 岁，准备上高中。二女儿李子婷 12 岁，准备上初中。过去 1 年家庭的金融投资收益为 35 万元，家庭生活费用支出为夫妻各 20 万元，两个女儿各 5 万元，另外女儿的教育费用每人为 5 万元。

资产负债方面：家庭资产有现金及活期存款 25 万元；股票基金 180 万元；房地产信托 200 万元；美国 REITs 基金 100 万美元。李磊的社保养老金个人账户和医疗保险账户余额分别为 10 万元和 2 万元，王怡的社保养老金个人账户和医疗保险账户余额分别为 5 万元和 1 万元，缴费年限均为 15 年；住房公积金账户过去都用来偿还住房公积金贷款的本息，无余额；自用资产有一辆价值 40 万元的汽车，有一套价值 2000 万元的房产，该房产房贷已还清。另有一套市值 1000 万元的投资性房产，贷款余额 500 万元，剩余贷款期限 15 年，按月本息平均摊还，该房目前对外出租，年租金 18 万元。

保险方面：李磊投保了 20 年期缴、保额 300 万元的终身寿险，年缴保费 10 万元，其中自然保费占 20%，已缴 5 年，目前保单现金价值 25 万元；李磊还投保了保额 100 万元的意外险，年缴保费 1000 元，计划续保 25 年；王怡投保了保额 50 万元、60 岁满期的定期寿险并附加保额 30 万元的重大疾病保险，年缴保费分别为 2000 元和 1000 元，还需缴费 10 年。

二、理财目标与理财决策

子女抚养与教育规划目标：在国内和移民美国的年抚养费用均为每人 5 万元，都计算到 24 岁为止。国内教育费用每人 5 万元。移民的话就读美国公立中学的学费为 2 万美元，无论家庭是否移民，李磊夫妇都希望两个女儿本科及硕士 6 年就读于美国名牌大学。不移民的话国际留学生费用每人每年 6 万美元，移民的话学费对照本地生每人每年 3 万美元。

三、假设条件

1. 家庭成员退休前后的生活费用年增长率、国内外子女教养费用的年增长率均为 5%。李磊与王怡薪资收入的年增长率为 4%。投资移民费用增长率为 0%。

2. 李磊夫妻的终老年龄均设为 85 岁。

3. 紧急预备金设定为 3 个月的总支出。

4. 美元与人民币的汇率为 6.6，假设规划期间汇率不变。

5. 国内的房贷利率为 5%，在美国购房的话，首付 30%，贷款利率 4%，25 年本利平均摊还。

四、问题

1. 请整理出李磊家庭的资产负债表与收支储蓄表，并就家庭的财务状况进行诊断。
2. 计算家庭子女教育金需求。
3. 制订家庭子女教育规划。

模块七

税 收 筹 划

税收筹划是指在现行国家政策法规许可的范围内,利用不违法的手段,通过对企业(或家庭)经营、投资、理财等各个方面进行事先安排和运筹,尽量减少税收成本、增加税后收益的活动。

本模块目标

知识目标

(1) 了解个人所得税管理与征缴流程;
(2) 熟悉个人所得税计算中所包含的全部因素;
(3) 理解税收筹划的基本原理。

技能目标

(1) 掌握个人所得税计算方法;
(2) 掌握税收筹划方法;
(3) 能举一反三,运用已学技能,给出税收筹划方案。

素质目标

(1) 独立思考能力;
(2) 严谨认真的工作态度。

项目一 个人所得税管理和征缴

任务一：熟悉个税课征模式

对于个人所得税的征收，在全球范围内主要有分类所得税制、综合所得税制和分类综合所得税制三种模式。

分类所得税制是指归属于一个纳税人的各类所得或各部分所得，每一类都要按照单独的税制规定纳税。分类制的理论依据是，对不同性质的所得项目采用不同税率，以使各类所得的税负轻重有别。分类制区分勤劳与非勤劳所得，课以轻重不同的税，体现一定的社会公平性，而且具有分类课征、征收简便、征管成本低的优点。然而其缺陷也比较明显，分类课征不能全面完整地体现纳税人的纳税能力，不符合量能课税原则。而且分类课征由于采用分类的差别扣除和差别税率，会使纳税人通过转移不同类收入来逃避纳税。

综合所得税制是指对于纳税人的各类所得，不论其来源，均视为一个所得整体，汇总计算后适用统一的宽免和扣除规定，按照统一的累进税率计算应纳税额的课税模式。它能体现纳税人的实际纳税能力，符合量能课税原则和支付能力原则，可以充分发挥所得税调整收入分配的职能，同时综合收入、统一累进也有助于个税发挥稳定经济的"自动稳定器"的职能。但是综合所得制采用的是自行申报方式，对税务机关的征管水平和纳税人的纳税意识提出了较高的要求。

分类综合所得税制也称混合制，指先按不同种类的所得项目分别计算征税，到了纳税年度终了时再将各类所得汇总综合计算应纳税所得额，对于较高的所得再按累进税率征收一道附加税。实践中，根据不同情况，有一些项目实行分类征收，另一些所得实行分类综合征收，这样既坚持了一定的支付能力课税原则，对纳税人不同来源的收入实行综合计算征收，又坚持了对不同性质的收入实行区别对待的原则。

我国个税目前实行分类综合所得税制，把应税所得分为工资、薪金所得，劳务报酬所得，稿酬所得，特许权使用费所得，经营所得，利息、股息、红利所得，财产租赁所得，财产转让所得，偶然所得共九类所得。居民个人取得前款第一项至第四项所得(以下称综合所得)，按纳税年度合并计算个人所得税；非居民个人取得前款第一项至第四项所得，按月或者按次分项计算个人所得税。纳税人取得前款第五项至第九项所得，依照个税法规定分别计算个人所得税。

任务二：自行纳税申报

为加强个人所得税征收管理，完善个人所得税自行纳税申报制度，维护纳税人的合法权益，根据《中华人民共和国个人所得税法》及其实施条例、《中华人民共和国税收征收管理法》及其实施细则和税收有关规定，国家税务总局制定了《个人所得税自行纳税申报办法(试行)》。

一、依法办理纳税申报

依据《中华人民共和国个人所得税法》规定，有下列情形之一的，纳税人应当依法办理纳税申报：

(1) 取得综合所得需要办理汇算清缴；

(2) 取得应税所得没有扣缴义务人；

(3) 取得应税所得，扣缴义务人未扣缴税款；

(4) 取得境外所得；

(5) 因移居境外注销中国户籍；

(6) 非居民个人在中国境内从两处以上取得工资、薪金所得；

(7) 国务院规定的其他情形。

扣缴义务人应当按照国家规定办理全员全额扣缴申报，并向纳税人提供其个人所得和已扣缴税款等信息。

二、免征个人所得税的范围

依据《中华人民共和国个人所得税法》规定，下列各项个人所得，免征个人所得税：

(1) 省级人民政府、国务院部委和中国人民解放军军以上单位，以及外国组织、国际组织颁发的科学、教育、技术、文化、卫生、体育、环境保护等方面的奖金；

(2) 国债和国家发行的金融债券利息；

(3) 按照国家统一规定发给的补贴、津贴；

(4) 福利费、抚恤金、救济金；

(5) 保险赔款；

(6) 军人的转业费、复员费、退役金；

(7) 按照国家统一规定发给干部、职工的安家费、退职费、基本养老金或者退休费、离休费、离休生活补助费；

(8) 依照有关法律规定应予免税的各国驻华使馆、领事馆的外交代表、领事官员和其他人员的所得；

(9) 中国政府参加的国际公约、签订的协议中规定免税的所得；

(10) 国务院规定的其他免税所得。

三、纳税申报期限

居民个人取得综合所得，按年计算个人所得税；有扣缴义务人的，由扣缴义务人按月或者按次预扣预缴税款；需要办理汇算清缴的，应当在取得所得的次年三月一日至六月三十日内办理汇算清缴。预扣预缴办法由国务院税务主管部门制定。

纳税人取得经营所得，按年计算个人所得税，由纳税人在月度或者季度终了后十五日内向税务机关报送纳税申报表，并预缴税款；在取得所得的次年三月三十一日前办理汇算清缴。

纳税人取得利息、股息、红利所得，财产租赁所得，财产转让所得和偶然所得，按月或者按次计算个人所得税，有扣缴义务人的，由扣缴义务人按月或者按次代扣代缴税款。

任务三：熟悉个税扣除税率

根据《中华人民共和国个人所得税法》规定，我国个人所得税的税率如下：

(1) 综合所得，适用 3%至 45%的超额累进税率；

(2) 经营所得，适用 5%至 35%的超额累进税率；

(3) 利息、股息、红利所得，财产租赁所得，财产转让所得和偶然所得，适用比例税率，税率为 20%。

任务四：熟悉个税扣除标准

(1) 工资、薪金所得：每月起征点是 5000 元；

(2) 劳务报酬所得、稿酬所得、特许权使用费所得以收入减除 20%的费用后的余额为收入额。稿酬所得的收入额减按 70%计算；

(3) 财产租赁所得：每次收入不超过 4000 元的，减除费用 800 元；四千元以上的，减除 20%的费用，其余额为应纳税所得额；

(4) 财产转让所得：以转让财产的收入额减除财产原值和合理费用后的余额，为应纳税所得额；

(5) 经营所得：以每一纳税年度的收入总额减除成本、费用以及损失后的余额，为应纳税所得额；

(6) 利息、股息、红利所得和偶然所得：以每次收入额为应纳税所得额；

(7) 个人将其所得对教育、扶贫、济困等公益慈善事业进行捐赠，捐赠额未超过纳税人申报的应纳税所得额百分之三十的部分，可以从其应纳税所得额中扣除；国务院规定对公益慈善事业捐赠实行全额税前扣除的，从其规定。

任务五：工资、薪金纳税标准

工资、薪金所得税的起征点和税率如下：

起征点：5000 元/月；

税率：实行 3%至 45%的超额累进税率。

工资、薪金的详细纳税标准如表 7-1 所示。

表 7-1　工资、薪金纳税标准——个人所得税

级数	全年应纳税所得额/元	税率(%)	速算扣除数
1	不超过 36 000 的部分	3	0
2	超过 36 000 不超过 144 000 的部分	10	2520
3	超过 144 000 不超过 300 000 的部分	20	16 920
4	超过 300 000 不超过 420 000 的部分	25	31 920
5	超过 420 000 不超过 660 000 的部分	30	52 920
6	超过 660 000 不超过 960 000 的部分	35	85 920
7	超过 960 000 的部分	45	181 920

注：本表所称全年应纳税所得额是指依照个人所得税法第六条的规定，居民个人取得综合所得以每一纳税年度收入额减除费用 6 万元以及专项扣除、专项附加扣除和依法确定的其他扣除后的余额。

任务六：经营所得纳税标准

个体工商户的生产、经营所得和对企事业单位的承包经营、承租经营所得纳税标准如表 7-2 所示。

表 7-2　经营所得纳税标准——个人所得税

级数	全年应纳税所得额/元	税率(%)
1	不超过 30 000 的	5
2	超过 30 000 到 90 000 的部分	10
3	超过 90 000 到 300 000 的部分	20
4	超过 30 000 到 500 000 的部分	30
5	超过 500 000 的部分	35

注：本表所称全年应纳税所得额是指，以每一纳税年度的收入总额，减除成本、费用以及损失后的余额。

项目二　个人所得税的计算

任务一：工资、薪金所得税计算

工资、薪金所得税的计算公式为

$$个人所得税税额 = \sum (税前月工资 - 5000) \times 适应税率$$

也可根据速算扣除数来计算。计算公式为

$$个人所得税税额 = (税前工资 - 5000) \times 税率 - 速算扣除数$$

❖ **案例 7.1**

A、B、C、D 四人月工资分别为 2850 元、5700 元、8690 元和 20 000 元，试分别计算他们每月应缴纳的个人所得税。

(1) A 的工资在 5000 元以内，不需缴纳个人所得税；

(2) B 的工资超过 5000 元，应纳税所得额为 5700 - 5000 = 700 元，属于第 1 级，应纳税金额为 700 × 3% = 21 元；

(3) C 的工资超过 5000 元，应纳税所得额为 8690 - 5000 = 3690 元，属于第 2 级，纳税金额为 3000 × 3% + (3690 - 3000) × 10% = 159 元。也可依据速算扣除数计算为 3690 × 10% - 210 = 159 元。

(4) D 的工资超过 20 000 元，应纳税所得额为 20 000 - 5000 = 15 000 元，属于第 3 级，纳税金额为 15 000 × 20% - 1410 = 1590 元。

任务二：个体经营所得税计算

个体经营所得税计算公式为

$$个体经营所得税税额 = \sum 经营所得 \times 适应税率$$

❖ **案例 7.2**

张三、李四本年度个体经营所得分别为 200 000 元和 600 000 元，试计算他们本年度应缴纳的个人所得税。

(1) 张三经营所得为 20000 元，属于第 3 级，他应缴纳所得税税额为

$$30\,000 \times 5\% + (90\,000 - 30\,000) \times 10\% + (200\,000 - 90\,000) \times 20\%$$
$$= 1500 + 6000 + 22\,000$$
$$= 29\,500 \text{ 元}$$

(2) 李四经营所得为 60 000 元，属于第 5 级，他应缴纳所得税税额为

$$30\,000 \times 5\% + 60\,000 \times 10\% + 210\,000 \times 20\% + 200\,000 \times 30\% + 100\,000 \times 35\%$$
$$= 1500 + 6000 + 42\,000 + 60\,000 + 35\,000$$
$$= 144\,500 \text{ 元}$$

任务三：劳务报酬所得税计算

对劳务报酬所得，其个人所得税应纳税额的计算分两种情况。

(1) 每次收入不足 4000 元的，允许抵扣 800 元，其应纳税额计算公式为

应纳税额 = 应纳税所得额 × 适用税率 = (每次收入额 − 800) × 适应税率

(2) 每次收入在 4000 元以上的，允许抵扣 20%，其应纳税额计算公式为

应纳税额 = 应纳税所得额 × 适用税率 = 每次收入额 × (1 − 20%) × 适应税率

任务四：稿酬所得税计算

稿酬所得应纳税额的计算分两种情况。

(1) 每次收入不足 4000 元的：

应纳税额 = 应纳税所得额 × (1 − 30%) × 适用税率

= (每次收入额 − 800) × (1 − 30%) × 适应税率

(2) 每次收入在 4000 元以上的：

应纳税额 = 应纳税所得额 × (1 − 30%) × 适用税率

= 每次收入额 × (1 − 20%) × (1 − 30%) × 适应税率

任务五：股利所得税计算

利息、股息、红利所得应纳税额的计算公式为

应纳税额 = 应纳税所得额 × 适用税率

= 每次收入额 × 20%

这里需要指出的是，对储蓄存款利息，1999 年 11 月 1 日前是免征个人所得税的。根据国务院 1999 年 9 月 30 日《对储蓄存款利息所得征收个人所得税的实施办法》(以下简称《实施办法》)的规定，从中华人民共和国境内的储蓄机构取得人民币、外币储蓄存款利息所得的个人，应当缴纳个人所得税。《实施办法》还规定，储蓄存款在 1999 年 10 月 31 日前滋生的利息所得，不征收个人所得税；储蓄存款在 1999 年 11 月 1 日后滋生的利息所得，征收个人所得税。

任务六：特许权使用费税额计算

特许权使用费所得应纳税额的计算分两种情况。

(1) 每次收入不足 4000 元的：

$$应纳税额 = 应纳税所得额 \times 适用税率$$
$$= (每次收入额 - 800) \times 适应税率$$

(2) 每次收入在 4000 元以上的：

$$应纳税额 = 应纳税所得额 \times 适用税率$$
$$= 每次收入额 \times (1 - 20\%) \times 适应税率$$

任务七：为纳税人代付税款计算

如果单位或个人为纳税人代付税款的，应当将单位或个人支付给纳税人的不含税支付额(或称纳税人取得的不含税收入额)换算为应纳税所得额，然后按规定计算应代付的个人所得税款。其计算分以下两种情况。

(1) 不含税收入额不超过 3360 元的：

$$应纳税所得额 = \frac{不含税收入额 - 800}{1 - 税率}$$

$$应纳税额 = 应纳税所得额 \times 适用税率$$

(2) 不含税收入额超过 3360 元的：

$$应纳税所得额 = \frac{(不含税收入额 - 速算扣除数) \times (1 - 20\%)}{1 - 税率 \times (1 - 20\%)}$$

或

$$应纳税所得额 = \frac{(不含税收入额 - 速算扣除数) \times (1 - 20\%)}{当级换算系数}$$

$$应纳税额 = 应纳税所得额 \times 适用税率 - 速算扣除数$$

项目三 个人所得税规划

如果能够巧妙利用税收成本进行个人理财筹划，也许会有意想不到的收获。个人投资者如果不注意相关理财方式的税收规定，难免会造成个人不必要的经济损失。了解自己到底纳了哪些税、纳了多少税、如何合理避税，是纳税人投资理财的必修课。

任务一：个人投资节税

以下是常用的几种利用投资筹划税收成本的方法：

(1) 投资基金。基金分配中取得的收入暂不缴收个人所得税和企业所得税，而且还免收分红手续费和再投资手续费。

(2) 教育储蓄。它可以享受两大优惠政策：一是利息所得免除个人所得税；二是教育储蓄作为零存整取的储蓄，享受整存整取的优惠利率。

(3) 投资国债。个人投资企业债券应缴纳 20%的个人所得税，而根据税法规定，国债和特种金融债可以免征个人所得税。因此，即使企业债券的票面利率略高于国债，但扣除税款后的实际收益反而低于后者，而且记账式国债还可以根据市场利率的变化，在二级市场出卖以赚取差价。

(4) 购买保险。居民在购买保险时可享受三大税收优惠：一是按有关规定提取的住房公积金、医疗保险金不计当期工资收入，免缴个人所得税；二是由于保险赔款是赔偿个人遭受意外不幸的损失，不属于个人收入，免缴个人所得税；三是按规定缴纳的住房公积金、医疗保险金、基本养老保险金和失业保险金，存入银行个人账户所得利息收入免征个人所得税。因此，保险＝保障＋避税，选择合理的保险计划，对于大多数居民来说，既可得到所需的保障，又可合理避税。

任务二：个体经营节税

目前个人可以选择的投资方式主要有作为个体工商户从事生产经营、从事承包承租业务，成立个人独资企业，组建合伙企业和设立私营企业。以下我们就不同投资方式的税务筹划逐一进行比较。

一、个体工商户：针对具体税种筹划

个体工商户的生产经营所得和个人对企事业单位的承包经营、承租经营所得，适用 5%～35%的五级超额累进税率。如个体工商户李先生年营业收入 60 万元，营业成本 45 万元，其他可扣除费用、流转税金 2 万元，其年应纳税额为

$$(600\,000 - 450\,000 - 20\,000) \times 20\% - 10\,500(个人所得税速算扣除数) = 15\,500\ 元$$

税后收入为

$$130\,000 - 15\,500 = 114\,500\ 元$$

该个体工商户的实际税负为 11.92%($\frac{15\,500}{130\,000} \times 100\%$)，可针对具体税种进行相应筹划。

二、个人独资企业：改变经营模式节税

从 2000 年 1 月 1 日起，对个人独资企业停止征收企业所得税，个人独资企业投资者的投资所得，比照个体工商户的生产、经营所得征收个人所得税。这样，个人独资企业投资者所承担的税负依年应纳税所得额及适用税率的不同而有所不同。

例如：年应纳税所得额为 60 万元，适用税率为 35%，应纳个人所得税为

$$600\,000 \times 35\% - 65\,550(个人所得税速算扣除数) = 144\,500\ 元$$

实际税负为

$$\frac{144\,500}{600\,000} \times 100\% = 24.08\%$$

如果适当进行筹划，就能起到很好的节税效果。

例如：王先生开设了一个经营装修材料的公司，由其妻负责经营管理。他本人也经常

承接一些装修工程。每年销售装修材料的收入为 40 万元，装修收入为 20 万元。全年应纳所得税为

$$600\,000 \times 35\% - 65\,500(个人所得税速算扣除数) = 144\,500\,元$$

现在王先生和妻子决定成立两个个人独资企业，王的企业专门承接装修工程，妻子的公司只销售装修材料。

在这种情况下，假定收入同上，王先生和妻子每年应纳的所得税分别为

$$200\,000 \times 20\% - 10\,500(个人所得税速算扣除数) = 29\,500\,元$$

和

$$400\,000 \times 30\% - 40\,500 = 79\,500\,元$$

两人合计纳税为

$$29\,500 + 79\,500 = 109\,000\,元$$

每年节税

$$144\,500 - 109\,000 = 35\,500\,元$$

实际税负由 24.08% 下降到 18.17% ($\frac{109\,000}{600\,000} \times 100\%$)，税负下降了 5.91 个百分点。

三、合伙企业：合伙人按出资比例均缴个税

合伙企业中合伙损益由合伙人依照合伙协议约定的比例分配和分担。合伙企业成立后，各投资人获取收益和承担责任的比例就已确定。和个人独资企业一样，从 2000 年 1 月 1 日起，对合伙企业停止征收企业所得税，各合伙人的投资所得，比照个体工商户的生产、经营所得征收个人所得税。但是由于合伙企业都有两个及两个以上的合伙人，实际上每个合伙人仅就其获得的收益缴纳个人所得税。

例如：某合伙企业有 5 个合伙人，各合伙人的出资比例均为 20%。本年度的生产经营所得为 30 万元，由各合伙人按出资比例均分。这样，每个合伙人应缴纳的个人所得税为

$$300\,000 \times 20\% \times 10\% - 1500(个人所得税速算扣除数) = 4500\,元$$

税后收入为

$$60\,000 - 4500 = 55\,500\,元$$

合伙企业每个合伙人的实际税负为 7.5% ($\frac{4500}{60\,000} \times 100\%$)。

四、私营企业：投资者股利所得承担双重税负

目前设立私营企业的主要方式是成立有限责任公司，即由两个以上的股东共同出资，每个股东以其认缴的出资额对公司承担有限责任，公司以其全部资产对其债务承担责任。作为企业法人，企业的利润应缴纳企业所得税，当投资者从企业分得股利时，按股息、红利所得缴纳 20% 的个人所得税。

这样，投资者取得的股利所得就承担了双重税负。由于单个投资者享有的权益只占企业全部权益的一部分，其取得的收益也是部分收益，企业缴纳的所得税税负，个人投资者也按出资比例承担。

例如：个人投资者占私营企业出资额的 50%，企业税前所得为 10 万元，所得税税率为 33%，应纳企业所得税为

$$100\,000 \times 33\% = 33\,000 \text{ 元}$$

税后所得为

$$100\,000 - 33\,000 = 67\,000 \text{ 元}$$

个人投资者从企业分得股利为

$$67\,000 \times 50\% = 33\,500 \text{ 元}$$

股息、红利所得按 20%的税率缴纳个人所得税，这样投资者缴纳的个人所得税为

$$33500 \times 20\% = 6700 \text{ 元}$$

税后收入为

$$33\,500 - 6700 = 26\,800 \text{ 元}$$

实际税负为

$$\frac{33\,000 \times 50\% + 6700}{100\,000 \times 50\%} \times 100\% = 46.4\%$$

一般来讲，在收入相同的情况下，个体工商户、个人独资企业、合伙企业的税负是一样的，私营企业的税负最重。但私营企业以有限责任公司的形式出现，只承担有限责任，风险相对较小；个人独资企业和合伙企业由于要承担无限责任，风险较大。而合伙企业由于由多方共同兴办企业，在资金的筹集等方面存在优势，承担的风险也相对较少。相对于有限责任公司而言，较低的税负有利于个人独资企业、合伙企业的发展。

任务三：其他收入项目节税

一、节税方法

按税法规定，目前个人取得的九类收入需要缴纳个人所得税，这包括工资薪金所得、劳务报酬所得、偶然所得、稿酬所得等。个人所得税一些基本的节税方法包括以下几种：

(1) 工资薪金所得节税：

① 收入尽可能福利化；

② 收入保险化；

③ 收入实物化(即取得的是具体的实物)；

④ 收入资本化(即到手的就是一种投资形式)。

(2) 个体工商户的生产经营所得节税：

① 收入项目极小化节税；

② 成本、费用扣除极大化节税；

③ 防止临界档次爬升节税。

(3) 劳务报酬所得节税：

① 大宗服务收入分散化；

② 每次征税的起征点节税。

　　依法纳税是每个公民应尽的法定义务，而纳税人出于对自身利益的考虑，往往希望将自己的税负合理地减到最小。因此，如何在合法的前提下尽量减少税负就成为每一个纳税人十分关注的问题。个人税务筹划是指在纳税行为发生之前，在不违反法律、法规(税法及其他相关法律、法规)的前提下，通过对纳税主体(法人或自然人)的经营活动或投资行为等涉税事项做出事先安排，以达到少缴税和递延纳税目标的一系列筹划活动。

　　国外比较常用的个人税务筹划策略包括收入分解转移、收入递延、投资于资本利得、选择资产销售时机、杠杆投资、充分利用税负抵减等。我国目前的个人税法结构相对简单，可以利用的个人税务筹划策略主要有：充分利用税收优惠政策(包括最大化税收减免、选择合适的扣除时机、选择最小化税率)，递延纳税时间(包括最小化不可抵扣的费用、支出，扩大税前可扣除范围)和利用避税降低税负等。

　　与前面所列的几种规划相比，个人税务筹划要面对更多的风险，尤其是法律风险。因此，个人财务规划师在为客户进行税务筹划时，应熟练把握有关的法律规定。在了解纳税人的家庭状况、财务状况、投资意向、风险态度和纳税历史情况等基本信息以后，分析、确定客户的税务筹划需求，根据自己的业务能力决定是否签订个人税务筹划协议。一旦与客户签订了协议，下一步就应该着手制订具体的税务筹划计划。这包括根据纳税人的业务背景选择节税方法、进行法律可行性分析、不同方案应纳税额的试算、进行因素变动分析和敏感性分析等。筹划方案一旦获得客户的认可，就可以进入方案执行阶段。

❖ 综合案例

大学教授王刚的综合税务规划

　　王刚今年 35 岁，在国内完成本科学业后，到美国留学六年，先后获得美国某著名大学法学硕士与管理学博士学位，并获得美国执业律师资格。

　　2015 年，王刚完成学业后毅然离开美国回到国内，在上海一所著名学府商学院任教，教授法律与管理学，并于 2018 年被聘为教授、硕士生导师。

　　回国后没多久时间王刚就考取了国内的执业律师资格，并于 2016 年与另外两位教师成立了一家合伙制律师事务所，王刚作为首席律师占 45% 股份。

　　2019 年，王刚的所有收入情况如下：

　　(1) 作为大学教授，他每月领取工资 22 000 元。另外，根据他每个学期教授学生的课时，王刚上、下学期分别获得 12 000 元和 15 000 元的课时费。到年底，商学院还发放了 5 万元的奖金。

　　此外，这一年王刚还为商学院在华东四个城市办的 EMBA 班授课 8 次，每次 2 天，每天课酬 5000 元，全年共一次性领取课酬 8 万元，但是每次王刚自己在往返机票、住宿餐饮上也要开销 2500 元，全年共支出 2 万元。

　　(2) 这一年，王刚在合伙律师事务所办案 15 件，每件案件所里平均收费 8 万元，同时受事务所委派为 12 家企业提供法律顾问服务，并由所里收取每家企业每年 4 万元的顾问费。根据事务所规定，合伙律师按办理的案件或顾问服务收入的 40% 提成。年底盘点显示，律师事务所扣除租金、管理费、办案经费、人工、水电等经营成本后盈利 120 万元，经合伙人会议决定，提取 20% 作为公积金，其余按比例分红。

(3) 2019 年，王刚与一位美国同学合著了一本《中国企业的海外维权术》，又独著了一本《中国上市企业的治理机制》。前一本书每本定价 20 元，销售了 3 万本，王刚与同学分享了版税为 8% 的稿费。另一本书由于销量一般，王刚虽然收到了 8000 元稿费，却支付了 67 500 元包销 3000 本。

(4) 作为海归精英，王刚被广东一家上市公司聘为独立董事，当年一次性从该公司获得独董报酬 98 000 元。

(5) 作为大学教授，王刚被 3 家企业聘为管理顾问，每年每家企业付酬 2 万元。

虽然收入多，但是王刚的支出也大。这一年，他光是养车就花去了 12 万元，一年到头四处奔波，经常外出讲课、办案、开会，机票花了 10 万元，还有各种应酬往来支出 15 万元，以及通信费 3 万元。由于事务太多太杂，王刚经常让自己的一位硕士生帮忙处理一些外出讲课的事务，一年下来也付给了他 2 万元报酬。此外，王刚每年其他杂费开支林林总总加起来差不多有 10 万元。

除了这些支出，王刚还得为自己的住房贷款操心，2015 年他回国时购买的一套 320 万元的住宅，也向银行申请了七成 20 年期贷款，并采用等额本息还款法。

由于王刚的事务太多，财务进出也是千头万绪，让王刚实在是顾不过来。以前在美国处理个人税务时，王刚都是交给一位美国 CFP 认可财务策划师按年度综合报税，但回国后他发现国内实行的个人所得税管理模式与美国完全不同，根本不需要自己报税，都是在获得每笔收入时直接由付酬单位代扣代缴。所以，自己每项收入是否交了税、交了多少税、能不能合法避税，对于王刚来说完全是稀里糊涂的，他非常想把自己这一年来所缴的税清理一遍，也好心里有数，并希望理财师能帮他科学合法地规划部分税务。

一、王先生的税务计算

1. 大学的收入计税

上一年度(2018 年)上海平均工资为 5000 元/月，缴纳社保的工资上限为

$$5000 \times 300\% = 15\,000 \text{ 元}$$

再按此基础分别缴纳 8% 的社会养老保险、2% 的医疗保险、1% 的社会失业保险与 12% 的住房公积金，合计 3450 元，此项支出可从税前扣除。

(1) 每月基本工资应纳税额为

$$[22\,000 - 5000 - 15\,000 \times (8\% + 2\% + 1\% + 12\%)] \times 20\% - 1410 = 1300 \text{ 元}$$

全年应纳税额为

$$1300 \times 12 = 15\,600 \text{ 元}$$

(2) 年终奖金 50 000 元，按月平均为

$$\frac{50\,000}{12} = 4167 \text{ 元}$$

所处区间税率为 10%，则年终奖金应纳税为

$$50\,000 \times 10\% - 210 = 4790 \text{ 元}$$

(3) 课时费为一次性领取，按当月工资计算，不得重复享受免征额待遇。

上半年应纳税额为 $12\,000 \times 20\% - 1410 = 990$ 元；

下半年应纳税额为 $15\,000 \times 20\% - 1410 = 1590$ 元。

以上合计，王先生 2019 年通过学校应缴个人所得税 22970 元。

2. 在校外讲课收入应纳税额为

$$80\,000 \times (1 - 20\%) \times 35\% - 7160 = 15\,240 \text{ 元}$$

3. 合伙律师事务所所获收入应纳税额计算

股权所得收入为 $1\,200\,000 \times (1 - 20\%) \times 45\% = 432\,000$ 元；

业务提成收入为 $(80\,000 \times 15 + 40\,000 \times 12) \times 40\% = 672\,000$ 元。

合计应税收入为 $1\,104\,000$ 元，按个体工商户生产经营收入税率 35% 计算，其应纳税额为

$$1\,104\,000 \times 35\% - 65\,500 = 320\,900 \text{ 元}$$

4. 独立董事和管理顾问收入属于劳务报酬，为纳税人综合所得，按七级超额累进综合所得税率计算应纳税额。

(1) 独立董事报酬应纳税额为

$$98\,000 \times (1 - 20\%) \times 35\% - 7160 = 20\,280 \text{ 元}$$

(2) 企业管理顾问收入应纳税额为

每家企业为 $20000 \times (1 - 20\%) \times 20\% - 1410 = 1790$ 元，三家企业合计 5370 元。

5. 出版著作收入应纳税额为

$$(20 \times 30\,000 \times 8\% \times 50\% + 8000) \times (1 - 20\%) \times (1 - 30\%) \times 20\% = 3584 \text{ 元}$$

6. 王刚教授 2019 年应纳税额

王刚教授 2019 年总计收入及纳税额如表 7-3 所示。

表 7-3　王先生 2019 年总计收入及纳税额综合报表

收入来源	收入项目	收入额/元	应纳税额/元	税后收入/元
大学收入	基本工资	264 000	15 600	248 400
	奖金	50 000	4790	45 210
	上半年课时费	12 000	990	11 010
	下半年课时费	15 000	1590	13 410
	外出讲课	80 000	15 240	64 760
个人行为	独立董事	98 000	20 280	77 720
	管理顾问	60 000	5370	54 630
	合作版税	24 000	2688	21 312
	独著版税	8000	896	7104
合作律师事务所	业务提成	672 000	320 900	783 100
	股权分红	432 000		
合　　计		1 715 000	388 344	1 326 626

2019 年王刚教授的税负为

$$税负 = \frac{应纳税额}{收入额} \times 100\% = \frac{388\,344}{1\,715\,000} \times 100\% = 22.64\%$$

7. 自住房贷款月供

由于是海归精英，作为高等专业人才引进，王刚教授享受了贷款利率七成优惠，贷款按 3.43% 计算利息，月供为 12 910 元，全年 154 920 元。

二、合法节税规划

1. 大学收入的节税规划

(1) 将课时费分摊到每月工资中发放，每月增加工资 2250 元；

(2) 建议单位设立企业年金，每月从工资中代扣 20% 即 4400 元；

(3) 充分利用专项附加扣除，每月扣除金额包括赡养父母 2000 元，子女教育 1000 元，住房贷款利息 1000 元。

(4) 建议学校增加实物福利，减少货币收入。

2. 培训讲课收入的节税建议

(1) 不要一次性领取报酬，分 8 次领取；

(2) 不要自付交通住宿费，由对方承担，并将费用从报酬中扣除；

(3) 支付给学生的 20 000 元分 8 次从培训成本中扣除。

3. 国内合伙律师事务所的节税建议

(1) 律师事务所为其购买保险；

(2) 养车费用由律师事务所承担；

(3) 航空交通费的部分记入事务所办案成本；

(4) 应酬开支的部分记入事务所办案成本。

4. 咨询顾问收入的节税建议

(1) 合同改为兼职合同，每月领取服务工资；

(2) 以兼职身份每月领取独立董事报酬。

根据以上建议，综合节税效果对比如表 7-4 所示。

表 7-4 综合节税效果对比表

序号	纳税项目	原纳税额/元	现纳税额/元	少纳税额/元
1	学校薪金	22 970	11 510	11 460
2	校外培训	15 240	1520	13 720
3	合伙律师所	320 900	242 150	78 750
4	稿费收入	3584	3584	0
5	独董报酬	20 280	7280	13 000
6	管理顾问报酬	5370	1800	3570
合　计		388 344	267 844	120　500

综 合 练 习

中国公民刘某是某公司的高管人员，2019 年取得以下各项收入：

(1) 每月取得工资 8000 元，6 月份取得上半年奖金 10 000 元，12 月份取得下半年奖金 15 000 元，12 月份公司为其家庭财产购买商业保险 4000 元，其所在公司选择将下半年奖金按照一次性奖金办法代扣代缴个人所得税。

(2) 刘某还担任某有限责任公司董事，2019 年 12 月份从该公司取得董事费收入 12 万元，按照合同约定，该公司代付刘某的个税。

(3) 刘某从 4 月 1 日开始按市场价格出租一套居住房屋，每月收取租金 10 000 元(仅考虑房产税，不考虑其他税费)；

(4) 刘某通过拍卖行将一幅珍藏多年的名人字画拍卖，取得收入 500 000 元，经主管税务机关核定刘某收藏该书画发生的费用为 100 000 元，拍卖时支付相关税费 50 000 元。

请根据所给资料，计算：

(1) 2019 年刘某取得的工资、奖金以及公司为其购买的商业保险应缴纳的个人所得税；

(2) 刘某取得的董事费收入应缴纳个人所得税；

(3) 刘某 2019 出租房屋应缴纳的个人所得税；

(4) 刘某拍卖字画所得应缴纳的个人所得税；

(5) 掌握合法节税技巧，对刘某进行个人税收筹划。

模块八

养 老 规 划

养老规划是为保证客户在将来有一个自立、有尊严、高品质的退休生活，而从现在开始积极实施的规划方案。退休后能够享受自立、有尊严、高品质的晚年生活是一个人一生中最重要的财务目标，因此养老规划是财务规划中不可缺少的部分。合理而有效的养老规划不但可以满足退休后漫长生活的支出需要，保证自己的生活品质，抵御通货膨胀的影响，而且还可以显著地提高个人的净财富。

本模块目标 ▶

知识目标

(1) 了解我国养老发展现状；
(2) 熟悉我国现阶段养老规划工具。

技能目标

(1) 估算退休养老费用；
(2) 根据具体家庭情况，设计家庭养老规划方案。

素质目标

(1) 培养良好的理财习惯；
(2) 培养严谨的理财工作态度。

项目一　我国养老现状

按照国际惯例，60 岁以上人群占人口比例达到 10%以上即开始进入"老龄时代"。据专家预测，到 21 世纪中叶，每 4 个中国人中就有 1 个老年人，老年人口将高达 4 亿。鸟儿尚知未雨绸缪，人类更是深明其理。人生不同阶段面临不同的理财需求和理财目标，而养老规划是人生理财规划中最重要的一部分，在理财规划中排在首位，是每个人都要面对和必须考虑的事情。晚年后能够过富裕、有尊严的生活，无忧无虑的享受晚年的金色时光，需要未雨绸缪，尽早开始养老规划。

任务一：正确区分养老常见模式

目前养老模式多种多样，有的为传统模式，也有一些新型模式，以下为详细介绍。

(1) 消费养老。

消费养老是新近兴起的一种养老模式，即消费者在购买企业的产品后，企业应该把消费者的消费视为对企业的投资，并按一定的时间间隔，把企业的利润按一定的比例返还给消费者。这样消费者不仅关心自己所购买商品的数量和质量，也关心购物后所带来的收益。

企业会拥有大量来自消费者的返利而成为资本市场的强者，并且会为养老保险提供一个广阔的巨大资金来源，能在不增加消费者负担的情况下，逐步为消费者积攒一笔可观的养老资金，从而解决许多与养老有关的问题。

(2) 以房养老。

2013 年 9 月 13 日，国务院下发了《关于加快发展养老服务业的若干意见》，其中提到了要开展住房养老保险反向抵押(即"以房养老")试点工作。

2014 年 3 月，民政部长李国立表示，相关金融监管机构将尽快制定试点政策。住房反向抵押试点工作不是政府的基本养老政策，这一政策是市场化选择机制，是具备条件的老年人自主选择的一个金融性工具。

(3) 机构养老。

养老机构是社会养老专有名词，是指为老年人提供饮食起居、清洁卫生、生活护理、健康管理和文体娱乐活动等综合性服务的机构。它可以是独立的法人机构，也可以是附属于医疗机构、企事业单位、社会团体或组织、综合性社会福利机构的一个部门或者分支机构。

(4) 家庭养老。

家庭养老是以血缘关系为纽带，在家庭内部进行的"反哺式"养老模式。但家庭养老缺少制度保障，且由于世代同堂的家庭结构，容易产生家庭矛盾和代际冲突。

(5) 家政养老。

家政养老是指出家庭成员或老人自己出资，让专业家政服务公司培训家政服务人员，以派遣的方式进入老人家庭，从事家政养老服务。

(6) 居家养老。

居家养老是指以家庭为核心，以社区为依托，以专业化服务为依靠，为居住在家的老年人提供生活照料、医疗护理、精神慰藉和解决日常生活困难为主要内容的社会化养老服务模式，其重点是解决社区中体弱多病、高龄空巢老人家庭的后顾之忧。

(7) 社区养老。

社区养老是指根据社区老年人数量和需求，在社区内建立老年之家、日间照料室、餐厅、托老所、小型家庭养老院、文化健身活动室等设施，通过"白天进社区活动、晚上回家里居住"的模式为老年人提供养老服务。其缺陷在于一些社区机构设施有限、人手不足、服务内容单一。

(8) 医养结合养老。

医养结合养老是整合医疗资源与养老资源的新型模式。在医养结合机构内，老人足不出户就能满足就医保健与养护照料需求。如北京天熙裕和医院投资有限公司旗下的裕和养护院与裕和康复院为老人提供医疗康复与生活照护两者兼得的服务。

(9) 土地养老。

土地是广大农民赖以生存的基础。土地对农民而言，既是生产资料，也是生活资料。尤其是在家庭联产承包责任制推行以后，农村老人可以依靠土地收入解决一部分生活来源。在现有的生产力发展水平之下，用土地维持最基本的生存，可以说土地是他们最稳定也是最后一道养老保障安全网。

(10) 社会保险养老。

养老保险是社会保障制度的重要组成部分，是国家依法为解决劳动者在达到国家规定的解除劳动义务的劳动年龄界限，或因年老丧失劳动能力退出劳动岗位后的基本生活而建立的一种社会保险制度。这一制度由国家立法强制实行，企业、单位和个人都必须参加，符合养老条件的可向社会保险部门领取养老金。

(11) 商业保险养老。

商业保险养老是以获得养老金为主要目的的长期人身险，又称为退休金保险，是社会养老保险的补充。商业性养老保险的被保险人在交纳了一定的保险费以后，就可以从一定的年龄开始领取养老金。

随着养老需求不断释放，一些新型养老模式也已出现，如上养生养老社区，该项目通过会员型养老公寓结合产权型亲子养老产品，依托于全配套设施，实现父母同子女两代居住的生活理念，打造三代人全龄共生的社区；平安集团根据三类不同护理需求，在整个社区中配置亲子型养老公寓、非护理型养老公寓、半护理型养老公寓等一站式养老模式。

任务二：洞悉我国养老发展现状

人总是要老的，这是一种客观的不可逆转的趋势。人老了的直接后果就是获得生存条件的各种能力逐渐丧失。那么，曾经为这个社会做出过贡献的老人们在其获得生存的能力逐渐失去时，谁应该向老人伸出援助之手，为其提供物质和精神的帮助呢？这就是养老问题。

我国目前养老发展现状具体表现为以下几个方面：

(1) 家庭规模缩小，家庭功能弱化。

1995 年全国家庭规模为平均 3.9 人/户，2000 年第五次人口普查结果为平均 3.44 人/户。家庭结构也转变为以核心家庭为主体，父母与未婚子女组成的完全核心家庭占整个家庭结构的 57.81%。家庭户平均规模的缩小和完全核心家庭的增多导致纯老年户不断增加。2000 年全国 60 岁以上老年人生活在单身户和一代户中所占比例为 35.6%。据 2002 年中国老龄科研中心对全国的一份调查显示，老人中一代户的比例，城市达到 41%，农村达到 43%。

(2) 人口流动加快，代际倾斜严重。

现代社会人口流动越来越快，年轻人迫于竞争压力，忙于工作和事业，使他们无暇顾及年老的父母；同时，一些青年夫妇较重视子女的教育和成长问题，有限的时间、精力和财力都向子女倾斜，产生了"重幼轻老现象"，这对老年父母的心理健康和实际的生活质量都产生了负面影响。

(3) 老年人寿命延长，自理能力下降。

老年人平均寿命延长，患病率、伤残率上升，自理能力下降。随着社会生活水平的不断提高，老年人的寿命在不断延长。同时，随着年龄增长(特别是超过 75 岁之后)，老年人口健康状况有所恶化，患病率、伤残率上升，自理能力下降，这种现象势必会增加家庭的负担。

(4) 现实冲击传统，生活方式变革。

35 年前，中国老年人与儿童的比率是 1：6。但是，从现在起到未来的 35 年里，这一关系将颠倒过来，届时老年人和儿童的比率将变成 2：1，一个"银发中国"将取代目前这个"青春中国"。传统的"养儿防老"观念，已受到"老年化"的冲击。我们依靠家庭养老还能持续多久？

任务三：剖析我国养老压力根源

一、养老压力剖析

(1) 家庭养老独子难当。

家庭规模的收缩对家庭养老构成了挑战。今天的老年人通常有几个孩子分担赡养，但人口出生率的下降将很快改变这种现象。中国人民大学乔晓春教授指出：年轻人尽管有赡养父母的愿望，但却没有条件和能力去赡养老人。这就导致一方面，老年人的养老不足；另一方面，年轻人花了大量的精力在其父母的养老问题上，又会影响年轻人的发展，影响他们自己的创业。

(2) 农村老人无从依靠。

国家最新人口统计数据显示：65 岁以上的老人中，64%与子女住在一起。在农村，这个比例还要高。年龄在 60～64 岁的老年人，三分之一的收入来自他们的子女，到 75 岁和 85 岁时，这个比例提高至 75%和 90%。中国的现代化发展，大量年轻人从乡下涌入城市，这将使农村老人无法依靠子女。

(3) 人口结构成为世纪困难。

21 世纪人口最严重的问题就是人口结构问题。在即将到来的老龄化社会中，中国的人口问题将不光是目前单一的"人多"，而是"多""少""老"并重，即人口总量多、工作年龄人口少、人口老龄化三个特点同时存在。

二、养老压力根源

(1) 对政府、国家的依赖。

几十年，几代人，都生活在一个稳定、安全的"我为国家，我靠国家，一切有国家"，由国家包办一切的社会福利环境里，很多人一时还不能适应"基本保障，保而不包"的经济社会的保障制度，很多人茫然，很多人措手不及，甚至有部分人不知不觉。

(2) 紧抱传统的观念。

很多人观念传统，以"养儿防老"为唯一宗旨。一方面，养儿防老的传统方式已无法适应未来社会，而随着我国第一代独生子女进入婚育年龄，"4-2-1"的家庭模式即将到来，即一对夫妇要养四个老人和一个孩子，经济负担不可谓不重。另一方面，目前空巢家庭越来越多，许多老人的子女不在身边，子女赡养老人往往"有心无力"。

(3) 养老计划开始太迟。

许多年轻人认为，在他们这样的年龄就开始为退休养老生活做准备似乎为时尚早，于是，一再推迟。但推得越迟，财务困难就越大，甚至可能要为了弥补退休金的不足而不得不推迟退休。

(4) 对预期收入和未来支出的估计太乐观。

总有一些人对自己未来和退休后的经济状况过于乐观，他们往往高估了退休之后的收入而低估了退休之后的支出。

项目二　退休养老资金预算

退休专项规划的核心内容之一就是计算要达到期望中退休生活所需的退休费用。

一般来说，退休后每月收入能达到退休前月收入的 80%左右，就可维持老年基本生活所需，并保证一定的质量。

在我国，不少已退休人员的养老金替代率在 80%到 90%左右，所以有人会盼着退休享福，因为退休后他们仍能维持过去的生活水平甚至还能有所提高。

但对于没有退休的人来说，有必要了解另外一组数据：根据测算，目前 35 岁左右的年轻人，在未来的 20～30 年后退休时，养老金替代率可能会下降至 40%左右，其保障程度将远低于我们的父辈。而在职收入在社会平均工资 3 倍以上的，其退休后的平均替代率在 30%以下。也就是说，现在收入越高，退休金与目前收入的反差会越大，生活质量的折扣比例会越高。因此，光靠社保只能解决温饱，要想维持退休前的生活水准，必须另做养老规划。

退休养老资金预算包括四大部分：基本生活预算，医疗保障费用预算，终生后的相关费用预算以及旅游费用预算。

任务一：基本生活需求

很多人在做养老计划的时候会假定退休后自己的财务支出会大幅减少，因为房贷、子女教育不用再支付了，交通费、通信费、交际应酬费也会明显减少。可是，养老绝对不像大家想象的那样省钱！实际上退休后的基本生活必需支出一般是退休前的 60%～70%。除此之外，很多意想不到的支出会接踵而至，比如旅游费、医疗费、人情费等。让我们以生活在大中城市的夫妇俩为例来算一算他们的退休后基本生活需求(如表 8-1)，假定通货膨胀率为 3%。

表 8-1　退休后基本生活需求表

费用项目	现阶段支出/(元/月)	退休后支出(现物价)/(元/月)	一年支出/(元/年)
物业管理费	300	300	3600
水电费	300	300	3600
通信费	400	200	2400
食品费	800	800	9600
交通费	500	300	3600
人情费	200	200	3600
衣物卫生用品费	200	400	4800
保健运动	200	400	4800
美容费	300	300	3600
药品费	—	400	4800
合 计	3200	3700	44 400

从表 8-1 可看出，一对夫妇退休后一年的基本生活费用为 44 400 元。如果他们退休后共同生活 20 年，则这笔费用为 888 000 元，考虑物价上涨因素，那么他们需为退休基本生

活准备约为 160 万元(88.8 × (P/A, 3%, 20))。

任务二：医疗保障费用需求

虽然社会提供了基本医疗保险，但考虑到老年人体质较差，大病较多，所以仍然需要准备大病商业保险金额至少 10 万元以上。则夫妇二人至少共需要大病商业保险金额 20 万元。考虑物价上涨因素，20 年后这笔费用约为 36 万元。

任务三：终身后费用需求

按照现在的大中城市的费用标准计算，一对老年夫妇百年后的相关费用包括殡仪馆费用和墓葬费用等，如表 8-2 所示。

表 8-2　百年后相关费用表

费用项目	殡仪馆费用	墓葬费用	费用合计
金额/元	3000	17 000	20 000

以上都为一个人的费用，则一对夫妇费用合计为 4 万元。考虑到物价上涨因素，则 20 年后这笔费用将达到 7 万元。

任务四：旅游费用需求

退休后过上了较为清闲的生活，老年人开始有足够的时间实现年轻时的梦想，国内旅游和出国旅游都会成为退休老年人的一个生活内容。如果他们每两年参加一次国内旅游，每 4 年参加一次出国旅游，则费用计算如表 8-3 所示。

表 8-3　退休后旅游费用

费用项目	国内旅游	出国旅游
单价/元	3000	10 000
金额/元	3000 × 10 = 30 000	10 000 × 5 = 50 000

由表 8-3 可知，20 年的退休生活中，每个人的旅游费用预计为 8 万元，则一对夫妇退休后旅游费用合计为 16 万元。考虑物价上涨因素，20 年后这笔费用将达到 28 万元。

任务五：退休养老费用预算合计

将以上基本生活费用、医疗保障费用、终生后费用和旅游费用总计，就得到了一对老年夫妇 20 年退休生活费用的合计，如表 8-4 所示。

表 8-4　退休养老费用预算表

项　目	费　用		
	个人费用/万元	两人费用/万元	费用终值/万元
基本生活需求		88	160
医疗保障费用	10	20	36
百年后费用	2	4	7
旅游费用	8	16	28
合　计		128	231

从表 8-4 中数据显示，生活在大中城市的一对退休老夫妇，要想过上高品质的退休生活，需在退休时准备退休生活费用高达 231 万元。

项目三　退休养老规划

任务一：认识养老规划工具

要做好个人养老规划，首先必须掌握好养老规划工具。

传统的养老理财工具有银行存款和社会养老保险等。银行存款难以抵抗通货膨胀的侵蚀，社会养老保险保障水平较低，只能满足人们最基本的生活需求。这两种养老工具保障程度较弱，仅仅依靠它们养老往往会捉襟见肘。过去的一些养老经验已经不适用于现在的养老需要。

随着金融产品的创新和丰富，养老规划可以选择更多的理财工具。适合养老理财的常用工具有股票投资、债券投资、基金投资和商业养老保险等。

其中，股票和债券的长期投资收益能够抵御通货膨胀对财富的侵蚀。以美国为例，上世纪一百年间，美国的年平均通货膨胀率为 3.2%，股票和债券投资的年平均收益率分别达到了 10.1% 和 4.8%。多年以来，全球的投资者喜欢从股市和债市中获取长期回报，持续了一代又一代。然而，个人投资者在进行股票投资和债券投资方面，由于信息不对称、专业性不足和时间精力有限等因素，与机构投资者相比往往不具备优势。

基金投资的风险收益视品种而定，其品种有股票型、债券型、货币市场基金等，风险收益各异，可根据自身的风险承受能力选择不同类型的基金品种，采取一次性投资或定期定额的方式投资。基金的专业化管理可以帮助个人投资者从大量的投资细节中解脱出来，轻松享受财富增值的乐趣。

商业养老保险是社会养老保险的有益补充，品种较多，缴费水平比社会养老保险高，相应的保障水平也高。风险收益水平较低，流动性一般，退保成本较高。个人在选择商业养老保险时，可以结合自身需要的保障程度灵活选择，重视产品的保障的功能，不要太关注某些产品附加的分红功能。

此外，适合养老理财的品种还有黄金投资、房产投资和收藏品投资等，需依据个人对上述品种的熟悉程度、经济水平和风险承受能力而定。

任务二：制订退休养老规划

如何制订退休养老规划呢？大致可以分为以下几个步骤：

(1) 确定退休年龄。

你打算何时退休？

目前，男性的退休年龄为 60 岁，而女性为 55 岁或 50 岁(女干部 55 岁、女工人 50 岁)。如果你打算提前退休，那么就需要在之后自己缴纳养老保险金。同时，提前退休还意味着你要准备更多的养老金来应对以后的生活。

(2) 明晰自己的身体状况。

据测算，中国人男性的平均寿命是 71 岁，女性为 74 岁。如果你的身体一直比较好，没有家族病史，那么你需要花费养老金的时间就会比较长；反之则会比平均值短。当然，身体好坏还会影响到你退休后可能会花费的医疗费用问题。

(3) 明确退休生活质量。

你退休后打算如何生活？如果你的退休资金主要是花在吃饭、服装等日常用品上，那么需要准备的退休费用就比较少；可是如果你计划经常出去旅游，或是经常外出就餐，那么需要准备的退休费就比较多。

(4) 退休费用预算。

你的退休生活费用是多少？根据你的身体状况和退休生活质量要求，计算你的退休生活费用，要考虑到物价上涨因素。

(5) 退休资金来源。

你能从哪些途径获得退休资金？能获得多少退休资金？一般来说，获得养老资金的渠道主要有以下几个方面：

① 社会基本养老保险。基本养老保险一般人都会有，会根据个人缴纳的年限不同而有所不同。

② 企业年金。企业年金是企业在为员工缴纳了基本养老保险之后为员工额外缴纳的养老费用，不同于基本养老保险的强制性，企业年金是由企业自愿缴纳的，因此，只有少数企业员工有。

③ 退休金。主要是公务员或是事业单位发放。

④ 个人商业性养老保险。

⑤ 子女赡养费。子女赡养费的获得具有很大的不确定性，要视子女未来的经济状况或是子女的品行而定。

(6) 计算退休养老资金缺口。

根据退休费用预算和退休生活资金来源，确定你的退休生活费用缺口。

(7) 退休资金筹措。

尽早规划自己的退休生活，为退休生活提前做准备。确定合理的资金筹措方案。

❖ 综合案例

邓先生家庭养老规划

邓先生今年 40 岁，太太 35 岁，14 岁的女儿刚上高中，邓先生是技术工程师，年收入 8 万元，太太在私人企业做会计，年收入 5 万元。

邓先生夫妇在 5 年前买了一套 100 平方米的住房，购买时 8000 元/平方米，当时向银行申请了一笔八成二十年贷款，买房首付和装修基本上花光了前几年的积蓄，这几年的积蓄约 20 万元又准备全部留给女儿作为将来大学期间的费用。

邓先生与太太合计，再过十几年自己要退休了，女儿也已经长大，自己的主要任务已经完成，也该为自己的养老生活做打算了。

1. 退休生活费用计算

(1) 邓先生夫妇基本生活需求计算。

基本生活需求包括每月物业管理费 300 元，水电费 550 元，通信费 500 元，食品费 800 元，交通费 500 元，人情费 300 元，衣物卫生用品费 400 元，保健运动 400 元，美容费 400 元，药品 450 元，共计 3600 元/月。

(2) 医疗保障费用需求。

虽然社会提供了医疗保险，但仍然需要准备大病商业保险，金额为 100 000 元左右。

(3) 终身后的相关费用。

百年后普通的身后安排费用每人 20 000 元 × 2 = 40 000 元。

(4) 旅游费用计划。

每年周游世界费用 12 000 × 10 = 120 000 元。

2. 退休资金来源

(1) 邓先生的社会养老保险计算。

① 现在邓先生的个人社保养老基金账户余额详情如下：

1999 年底，邓先生的社保养老金账户余额 12 000 元；

2000 年—2005 年 5 年间单位每月为其缴纳

$$4400 \times 8\% = 352 \text{ 元}$$

2000 年—2005 年 5 年间个人每月缴纳

$$4400 \times 5\% = 220 \text{ 元}$$

记入个人账户余额的每月为

$$4400 \times 11\% = 484 \text{ 元}$$

累计余额

$$12\ 000 + 484 \times 12 \times 5 = 41\ 040 \text{ 元}$$

② 到退休时社保基金账户余额(55 岁提前退休)为

$$4400 \times 8\% \times 12 \times 15 = 63\ 360 \text{ 元 (工资没变，个人提 8\%，只 8\%记入)}$$

③ 退休时累计余额：

个人账户余额为

$$12\,000 + 41\,040 + 63\,360 = 116\,400\ 元$$

每月领取

$$\frac{11\,600}{120} = 967\ 元\quad(个人帐户余额的\ 1/120)，$$

国家每月发放

$$4500 \times 20\% = 900\ 元\quad(当地平均工资为\ 4500\ 元，20\%标准)$$

每月合计为

$$967 + 900 = 1867\ 元$$

(2) 邓太太的社会养老保险计算。

① 现在邓太太个人社保养老基金账户的余额详情如下：

邓太太单位 3 年前开始缴纳社保，

3 年间单位每月缴纳

$$3000 \times 8\% = 240\ 元$$

3 年间个人每月缴纳

$$3000 \times 5\% = 150\ 元$$

3 年间每月记入个人账户金额为

$$3000 \times 11\% = 330\ 元$$

3 年累计余额为

$$330 \times 12 \times 3 = 11\,880\ 元$$

② 退休时社保账户余额(55 岁退休)为

$$3000 \times 8\% \times 12 \times 15 = 43\,200\ 元$$

③ 退休时累计余额：

个人账户余额为

$$11\,880 + 43\,200 = 55\,080\ 元$$

每月领取

$$\frac{55\,080}{120} = 459\ 元\quad(个人帐户余额的\ 1/120)$$

国家每月发放

$$4500 \times 20\% = 900\ 元\quad(当地平均工资为\ 4500\ 元，20\%标准)$$

每月合计为

$$459 + 900 = 1359\ 元$$

3. 退休生活费用缺口

邓先生夫妇退休后每月基本生活费用为 3600 元，领取社会养老保险金额为 1867 + 1359 = 3226 元，每月生活费用缺口近 400 元，此外还有其他几项费用没考虑。

4. 资金筹措方案

(1) 强制储蓄。

每月强制性储蓄 5000 元，能基本达到要求，但影响现在的生活质量。

(2) 投资开放式基金。

采取定期定额投资于开放式基金，每月投资 400 元，期望收益率达到 4%，能基本满足费用需求。

(3) 组合投资。

可以考虑购买年收益率 6%左右的指数型基金(需有较大的风险承受能力)，每月投资额度 3000 元左右，或者考虑购买基金组合，期望收益率 5%左右，月投资额 3500 元。

综 合 练 习

利用基金定投或商业性养老保险方案，从 30 岁开始进行投资，筹措 200 万元退休生活费用。

模块九

撰写理财规划报告

撰写理财规划报告是理财规划服务工作的最后一个环节，是指理财规划师根据客户家庭具体财务状况和实际理财需求，针对性地设计具体方案，进行家庭资产合理配置，以满足客户理财需求，并撰写完整的规划报告的过程。这个过程包括填写完善理财工作底稿和根据理财工作底稿撰写理财规划报告两个环节。

本模块目标

知识目标

(1) 熟悉理财工作底稿基本结构和具体内容；
(2) 掌握进行家庭财务诊断的具体指标；
(3) 阐述家庭理财规划报告基本内容；
(4) 区分理财业务流程和理财工作底稿。

技能目标

(1) 根据客户需求设计理财工作底稿，并进行客户信息收集、整理、加工；
(2) 利用系列财务指标，计算衡量客户家庭财务状况；
(3) 设计满足客户需求的理财方案；
(4) 举一反三，运用已学技能，撰写不同家庭理财规划报告。

素质目标

(1) 团队协作的精神；
(2) 严谨认真的工作态度。

项目一　填写理财工作底稿

设计并填写理财工作底稿是撰写理财规划报告之前的一个非常重要的环节，是理财规划师根据搜集整理的客户信息，按照理财业务流程一步一步完善理财规划建议，并进行平衡试算的一个关键环节。

任务一：完善客户信息

完善客户信息是指理财规划师接受客户委托之后，根据理财工作需求，采取有效方法，获取客户各种理财有用信息，并进行加工整理后，据以填写理财工作底稿。

具体信息包括客户家庭人员构成(表 9-1)、客户家庭资产负债状况(表 9-2)、客户家庭收支状况(表 9-3)、客户家庭理财需求(表 9-4)等。

表 9-1　客户家庭人员构成表

姓名	与客户关系	年龄	就业状态	保障状况	备注
	本人				

表 9-1 填写说明：

(1) 客户指委托者；

(2) 客户家庭人员构成是指客户家庭需要负担的各类人口，包括自己抚养的子女和靠自己赡养的父母；

(3) 就业状态是指就业具体信息，包括就业、在读、退休、尚未就读等状况；

(4) 保障状况是指单位和家庭提供的基本保障；

(5) 就读和保障具体信息可在备注栏内注明。

家庭资产是指一个家庭能以货币计量的财产、债券和其他权利。具体包括流动资产、投资资产、移动资产、固定资产等类型；家庭负债是指家庭的借贷资金，包括所有家庭成员欠非家庭成员的债务、银行贷款、应付账款等，具体可分为流动负债和长期负债两大类。规划师应根据客户提供的家庭资产负债信息，采用重估价值，分门别类地整理估算客户家庭资产负债状况，并填写好客户家庭资产负债表状况表(表 9-2)。备注栏主要注明资产使用状况和负债到期期限。

表 9-2　客户家庭资产负债状况表

资产项目	资产估值/元	备注	负债项目	负债估值/元	备注
流动资产			流动负债		
固定资产			长期负债		
资产合计			负债合计		
净资产					

客户家庭收支结余(表 9-3)是客户家庭理财的一个重要保障。家庭收入是指客户家庭成员获得的各种货币收入，包括工资、奖金、劳务报酬等；家庭支出是指客户家庭支付的各种货币开支，包括日常基本开支、水电、电话、养车等。收支状况表备注栏需要注明主要收支项目。

表 9-3　客户家庭收支状况表

收入项目	收入金额/元	备注	支出项目	支出金额/元	备注
合计			合计		
结余					

客户理财需求(表 9-4)是指客户在整个理财期内需要实现的具体理财目标。目标描述需要表达准确，具体要明确目标实现的时间，实现目标的具体要求。如五年内购买一套满足一家三口居住需要的九十平方米左右的房子的需求项目是住房需求，实现年限是五年。

表 9-4　客户家庭理财需求表

序号	需求项目	实现年限	理财需求具体描述
1			
2			
3			

任务二：分析家庭财务状况

财务状况的好坏，直接影响一个人或一个家庭的生活质量，如何正确判断一个家庭的财务状况，是非常重要的一个环节。一般情况下，可考虑从财务报表结构分析和指标分析两方面进行相应判断。

一、资产负债结构分析

资产负债结构分析，是指对资产负债表所列各项资产负债进行相应构成比例分析，从而找出资产配置中不合理之处。其详细过程如下：

(1) 列出客户家庭资产负债表，并逐个计算各项资产负债比例，如表 9-5 所示。

表 9-5　客户家庭资产负债表

资产项目	金额/元	比例	负债项目	金额/元	比例
流动资产			流动负债		
…					
投资资产					
…					
移动资产			长期负债		
…					
固定资产					
…					
总资产			总负债		
净资产					

(2) 将客户家庭资产负债比例结构与理想值区间进行对比，发现问题，找出不足，如表 9-6 所示。

表 9-6　客户家庭资产负债结构性分析表

序号	财务指标	案例计算值	理想值区间	不　　足
1	流动资产占比	5%～10%		
2	投资资产占比	30%～50%		
3	移动资产占比	10%～20%		
4	固定资产占比	30%～60%		
5	流动负债占比	30%～40%		
6	长期负债占比	60%～70%		

我国大部分家庭财务状况不理想，处于一种亚健康或不健康状态，主要表现为流动资产占比较高，投资资产占比较少，固定资产占比特高，长期负债主要为房地产贷款。这种状况不利于家庭资产的增值。

二、家庭收支结构分析

家庭收支结构分析，是指对家庭收支表所列各项收入支出进行相应构成比例分析，从而找出家庭收支配置中不合理之处。其详细过程如下：

(1) 列出客户收支结余表，并逐个计算各项收入支出比例，如表 9-7 所示。

表 9-7　客户家庭收支结余表

收入	金额/元	比例	支出	金额/元	比例
工薪收入			基本开支		
投资收益			保障开支		
其他收入			其他开支		
收入合计			支出合计		
收支结余					

(2) 将客户家庭收支结余比例结构与理想值区间进行对比，发现问题，找出不足，如表 9-8 所示。

表 9-8　客户家庭收支结构分析

序号	财务指标	案例计算值	理想值区间	不　足
1	工薪收入占比		40%～60%	
2	投资收益占比		30%～50%	
3	其他收入占比		10%～20%	
4	基本开支占比		30%～50%	
5	保障开支占比		10%～20%	
6	其他开支占比		40%～60%	

我国有部分家庭收支状况同样处于一种不合理状态，主要表现为家庭收入来源单一，投资收益占比较少，其他收入很少；消费支出比例较大，保障支出不足。这种状况不利于家庭长远发展。

任务三：分析家庭理财目标

此阶段工作主要是结合客户家庭所处生命周期，进行理财目标定位，将整体目标分解为可实现的阶段性目标。

一般包含如下三个环节，首先进行客户家庭所处生命周期判断，然后对客户家庭理财目标进行分解定位，最后确定为实现目标所需使用的理财基本假设。

一、所处生命周期分析

理财生命周期分析，是指分析客户家庭处于人生理财的具体阶段，生命周期不同，理财特征也就不相同，阶段性理财重点也就不同，所以理财的优先顺序也不同。

(1) 判断客户所处理财生命周期具体阶段。

家庭生命周期，指的是一个家庭诞生、发展直至消亡的运动过程，它反映了家庭从形成到解体呈循环运动的变化规律。家庭随着家庭组织者的年龄增长，而表现出明显的阶段性，并随着家庭组织者的寿命终止而消亡。一般情况下，可将家庭生命周期分为如下六个阶段，如表9-9所示。

表9-9　家庭生命周期表

生命周期阶段	起　始	结　束
单身期	大学毕业参加工作	结　婚
家庭形成期	结　婚	第一个孩子出生
家庭成长期	第一个孩子出生	最后一个孩子出生
家庭稳定期	最后一个孩子出生	第一个孩子参加工作
家庭收缩期	第一个孩子参加工作	退　休
退休养老期	退　休	离开人世

(2) 结合每个阶段理财特征，判定理财重点，确定优先考虑项目，如表9-10所示。

表9-10　家庭理财阶段理财特征和理财重点

生命周期阶段	理财特征	理财重点	优先考虑理财项目
单身期	收入低、花销大	积累投资经验	节　财
家庭形成期	收入增加、生活稳定	家庭建设支出	购置住房
家庭成长期	子女教育开销大	教育经费安排	子女教育基金
家庭稳定期	教育费用猛增	教育经费投入	子女教育规划
家庭收缩期	经验、收入高峰	扩大投资	积累财富
退休养老期	投资、消费保守	稳健、安全为主	养老生活安排

二、家庭理财目标分析

此阶段任务就是判定客户理财目标是否可实现，并确定分几个阶段实现，其过程如下：

(1) 进行客户理财需求合理性分析。

　　客户理财需求包罗万象，如实现收入和财富的最大化、进行有效消费、满足对生活的期望、确保个人(家庭)财务安全、为退休和遗产积累财富等，但每一个理财目标的实现都需要有一定的经济实力做支撑，缺乏经济基础，理财目标就难以实现，为此客户在制订自己的理财目标时，一定要量力而行。

　　一般而言，制订理财目标要遵循以下基本原则：

① 制定理财目标要具体化，并且要明确财务目标；

② 将现金储备作为理财目标之一；

③ 理财目标必须具有合理性和可行性，而且不同的计划之间没有矛盾；

④ 通常客户都不止一个理财目标，并且这些理财目标无法一次完成；

⑤ 改善客户总体财务状况比仅仅为客户创造投资收益更重要；

⑥ 短期目标、中期目标和长期目标要同时兼顾，不能厚此薄彼；

⑦ 如果理财规划师在进行理财规划时对双方曾经共同确定的目标有所改动，必须对客户说明并在报告书中指出，这样可避免双方在以后的合作中出现纠纷。

　　(2) 进行客户理财需求的定位。

　　理财目标的定位，就是指将经客户分析判定确认的理财目标按实现时间前后进行分类，一般分为短期目标、中期目标和长期目标，短期目标是指在一年以内需要实现的目标，中期目标是指一年以上、十年以内需要实现的目标，长期目标是指十年以上需要实现的目标。

　　例如，一个中年家庭，他们现有的理财目标有紧急备用金的准备、子女教育金准备和自己退休养老准备，则短期目标是准备紧急备用金，中期目标是准备子女教育基金，长期目标是准备自己的退休养老基金。

　　在进行规划时，所有的目标必须统筹兼顾，不能顾此失彼，短期目标的实现不能影响长期目标，同时，长期目标的实现不能以牺牲短期目标做代价。

　　(3) 确定所需使用的理财基本假设。

　　"假设"是人们在进行实践活动或理论研究时，根据特定环境和已有知识经过思考后提出，具有一定事实根据的假定或设想。理财基本假设(或财务管理假设)是理财人员依据多变的社会经济环境对财务管理理论和实践所作出的合理推断，是决定财务管理理论与方法存在和发展的前提，是进一步研究财务理论和实践的基本假设。

　　由于理财周期基本都比较长，一般会涉及十年以上，而在此期间，国家的经济环境和客户的财务状况都会发生变化。为此，为便于做出数据翔实的理财方案，在征得客户同意的前提下，可对未来经济环境做出一些比较合理的预测，具体而言，需要确定如下几个理财基本假设：

　　① 通货膨胀率。通货膨胀率(CPI)是影响货币时间价值的主要因素，CPI 的计算公式为

$$CPI = \frac{一组固定商品按当期价格计算的价值}{一组固定商品按基期价格计算的价值} \times 100\%$$

国家统计局每年、每季度都会公布上年度、上季度的 CPI 数据。此假设数据的确定，

可参考以前若干年度 CPI 数据,并结合未来国家发展规划来确定。

② 工资增长率。工资增长率是指客户每年工资收入比上年增长的幅度。国家统计局每年都有每个地区、每个行业上年度平均工资统计数据和工资增长率统计数据,可将最近若干年本地区、本行业工作增长率作为参考,并结合国家经济形势作出工资增长率数据判断。

③ 投资收益率。投资收益率又称投资利润率,是指投资方案在一个正常年份的年净收益总额与方案投资总额的比率。投资收益率的高低受投资领域、经济环境影响,同时也与客户风险承受能力紧密相关。在确定客户投资收益率时,需要考虑到客户风险承受、风险偏好、投资经验等,确定客户可以投资的领域,参考过去若干年来该领域平均投资收益率,并结合未来国家经济发展状况来确定。

任务四:设计理财方案

理财是合理利用家庭财务资源,科学分配家庭资产,使家庭的财务状况处于最佳状态,从而提高生活品质。家庭理财的核心在于根据家庭的不同阶段的财务状况和财务需求,合理分配资产和收入,实现家庭财务资源的有效管理和控制。

一、挖掘家庭财务资源

由于我国目前个人理财市场还在不断发展,专业化服务质量有待提升,再加上中华民族勤俭持家的优良传承、"财不露白"意识和银行在客户心目中的根深蒂固的"管钱"形象的影响,目前我国普通老百姓家庭理财意识有待加强,家庭财富增长的步伐还需提升。具体表现在现金、银行存款等家庭流动资产比例较高,投资资产比重相对较少,不利于家庭财富的增长。这些都是家庭可供利用的财务资源,充分发掘这些资源,提高资源利用效率,将有利于家庭健康稳定的成长。

理财规划师做家庭理财方案时,首先就需要发掘这些家庭资源,进行家庭资产重新配置,帮助客户实现财务目标,具体如表 9-11 所示。

表 9-11　客户家庭资源重新配置表

序号	原配置	调整建议	调整理由
1	现金、银行存款等资产比例高	将部分资金作为备用金,其余投资运作	提高资源利用效率,增加家庭财富
2	股票、基金等金融投资资产比重低	增加投资资产比重,进行资源重新配置	增加投资资产比重,实现家庭财富增值
3	家庭不合理开支比较多	加强家庭消费预算,合理控制消费	家庭内部挖潜,进行"开源节流"

二、设计家庭理财方案

设计理财方案就是指理财规划师在掌握客户家庭财务状况和理财需求的基础上，根据客户风险承受和风险偏好，充分利用家庭可供利用资源，按照由近及远的原则，一步一步做好客户家庭理财安排，帮助客户实现理财目标的过程。

首先，计算客户家庭理财缺口。理财缺口是指到理财目标实现期，客户家庭还需要准备的资金，一般以规划时所对应的资金为基础，考虑通货膨胀因素进行计算，得出理财目标实现所需准备的资金，再扣除已经做的相关准备，就得到了该项理财需求所对应的理财缺口。

例如，要准备五年后子女读大学期间教育费用，就以现阶段大学每年教育费用为基础，考虑到物价上涨因素，计算五年后子女教育需要准备的教育基金，再扣除现在的准备，如教育储蓄、保险到时的返还金额等，即为子女教育金缺口。

然后，设计理财方案。理财规划师根据客户理财需求所对应的理财缺口，利用家庭可供利用的资源，进行家庭资源的优化配置，设计出满足要求的方案，以帮助客户实现理财目标。

例如，要准备家庭两万元的紧急备用金，可考虑将家庭现有存款中拿出两万元，三分之一左右以现金或其存款形式配置，以保障家庭月度零星开支需要，三分之二左右以货币市场基金配置，在保障流动性的同时，增加资源利用效率。

最后，根据以上结果，逐项填写好客户家庭理财方案设计表，如表 9-12 所示。

表 9-12　客户家庭理财方案设计

序号	理财需求	理财缺口	理财方案设计
1	准备紧急备用金		
2	准备子女教育金		
3	…		
	准备退休养老金		

任务五：分析方案可行性

理财方案是否可行，可通过两方面来进行验证：一方面通过规划后客户家庭资产负债表分析，判断客户家庭资产配置是否更合理；另一方面通过规划期现金流量表分析，判断理财目标是否可用实现。

一、资产负债表分析

资产负债表分析是在做好资产调整配置后，编制调整后的资产负债表，如表 9-13 所示。重新计算各项资产负债比例，判断调整好的资产负债配置是否更合理。

表 9-13　规划后的客户家庭资产负债表

资产项目	金额/元	比例	负债项目	金额/元	比例
流动资产			流动负债		
投资资产					
移动资产			长期负债		
固定资产					
总资产			总负债		
净资产					

二、现金流量表分析

现金流量表分析是在设计好理财方案后，以年为单位，编制客户家庭整个规划期间的现金流量表，如表 9-14 所示。判断客户家庭规划期间是否出现资金断链，如没有断链，则可判断客户理财目标可以实现；如出现资金断链，则客户理财目标难以实现。

表 9-14　规划期间客户家庭现金流量表

年份	收入/元	支　出/元					结余/元
2019							
2020							
2021							
2022							
2023							
2024							
2025							
2026							
2027							
2028							
2029							
2030							

续表

年份	收入/元	支　出/元				结余/元
2031						
2032						
2033						
2034						
…						

项目二　撰写家庭理财规划报告

近年来，中国经济高速增长，社会财富加速积累，人们对自身的人生规划和财富管理的需求越来越普遍。随着金融产品的不断丰富以及税制的复杂化，人们在理财实践中也越来越需要个人理财规划报告，以弥补个人在金融知识缺乏及时间有限等方面的不足。

本项目将以陈女士家庭为例，探讨怎样撰写家庭理财规划报告。

任务一：展示客户信息

家庭理财规划报告的第一部分需要展示客户家庭基本信息，包括家庭人口结构、财务状况和具体理财需求。

陈女士家庭基本情况介绍如下。

1. 陈女士家庭基本情况简介

陈女士家庭现状如下：

(1) 人口结构。陈女士一家五口人：陈女士，27 岁，个体经营；其丈夫杨先生，29 岁，律师；其儿子，1 岁；其公公 61 岁，退休教职工；其婆婆 55 岁，社区主任。

(2) 理财需求，包括：购车规划；家庭保障和现金规划；投资和风险管理规划；子女教育及养老规划；自营加盟店扩张规划；高品质高水平生活规划。

2. 陈女士家庭财务状况

1) 家庭资产负债状况

陈女士一家 5 口住在 2015 年购买的三室两厅两卫 150 平方米商品房，现以长沙房价市场估价为 100 多万元，住房公积金贷款 20 万元，每月还贷 2000 多元，已还贷 6 年，剩余本金 56 000 元。陈女士名下还有一套两室一厅 70 平方米商品房，处于长沙名校附近，出租价为 2000 元/月，市场价值约为 80 万元。2011 年其丈夫杨先生购买国产比亚迪汽车，是一次性全额付款，以二手市场价值平均报价约 4 万元。家庭成员没有办信用卡。陈女士为个体经营户，加盟某食品公司，其店铺位于大学附近，门面租金约为 4 万元/年，所需的机器设备等固定资产约为 2 万元，所储存的货物约为 1 万元。

2) 家庭收支结余状况

陈女士主营油炸类小吃，客户群体主要是学生，日常经营生意红火。一般情况下，扣除所有费用净收入稳定在每年 15 万左右。其丈夫杨先生在律师事务所工作，公司在地方上有一定知名度，杨先生在公司表现积极、吃苦耐劳、积极进取、阅历资深，每年总收入可达 20 万元，其中包括年终奖金及各种节假日补贴。夫妇俩每月缴纳个人所得税约 1500 元。处于他们这个年龄阶段，人情消费也是生活中的一笔大开支，每年约 1 万元。2019 年初他们迎来幸福的结晶——儿子睿睿，在生活支出方面每个月约需要 1 万元左右。双方父母退休后都有退休工资，但是夫妇每年逢年过节约花费 2 万元孝敬父母亲。

任务二：客户家庭财务诊断

客户家庭财务诊断一般可从财务报表结构性分析和财务指标分析两方面进行，财务报表结构性分析是指对构成报表的各个项目进行比重分析，从比重指标中发现重点和超额部分；财务指标分析是指利用家庭财务诊断相关指标计算客户家庭具体财务状况，从而衡量家庭经营运作能力。

陈女士家庭财务诊断如下。

1. 财务报表结构性分析

1) 资产负债表分析

根据陈女士家庭资产负债情况，可编制其家庭资产负债表(表 9-15)。

表 9-15 陈女士家庭资产负债表

资产	金额/元	比例(%)	负债	金额/元	比例(%)
流动资产	260 000	12.3	流动负债	40 000	41.7
现金	50 000	2.4	店铺租金	40 000	41.7
银行活期存款	100 000	4.7			
银行定期存款	100 000	4.7			
存货	10 000	0.5			
非流动资产	1 860 000	87.7	长期负债	56 000	58.3
店铺器材	20 000	0.9	房贷	56 000	58.3
汽车	40 000	1.9			
房地产(投资)	800 000	37.7			
房地产(自用)	1 000 000	47.2			
资产合计	2 120 000	100	负债合计	96 000	100
净资产	2 024 000	95.5			

从表 9-15 可以看出，陈女士家庭目前的净资产相对来说处于中高水平，流动资金规模也比较大，但是很明显可以看出流动资金的收益率低，基本没有投资资本市场的举措。若市场环境变化，物价上涨，通货膨胀，货币贬值，利润下降，陈女士家庭资产将面临资产缩水，现有的资产得不到保值增值。

2）收支结余表分析

根据陈女士家庭收支状况，可编制其家庭收支结余表(表 9-16)。

表 9-16　陈女士家庭 2019 年度收支结余表

收入项目	金额/元	百分比(%)	支出项目	金额/元	百分比(%)
经营活动			经营活动		
劳务薪酬	120 000	31.25	生活支出	120 000	64.03
其他	80 000	20.83	应纳税费	18 000	9.6
投资活动			车险保养	12 200	6.4
自营收入	150 000	39.06	人情消费	10 000	5.33
房租收入	24 000	6.25	赠养费	20 000	10.67
利息收入	10 000	2.6	住房公积金	7200	3.8
收入合计	384 000	100	支出合计	187 400	100
年结余			196 600		

从表 9-16 可以看出，虽年结余约 196 600 元，但都是建立在陈女士店铺经营状况好、丈夫业绩高的情况下。未来 10～20 年里，孩子教育、父母亲赡养、夫妻俩职业发展等问题都需要解决，其生活压力将会到达最高峰。家庭人员中仅有基本社保，暂无各种商业保险，若家庭成员发生突发状态，夫妻俩将难以应对。

2. 家庭财务指标分析

家庭财务诊断主要是从财富积累能力、偿付能力、抗风险能力等方面进行分析家庭财务状况。本方案选取最具代表性的五个家庭理财的比率指标，对其家庭财务状况进行具体分析。

1）结余比率分析

结余比率是结余与税后收入的比值，是资产增值的重要指标，反映出家庭控制支出的能力和储蓄意识，是未来投资理财的基础，是体现家庭控制支出能力的指标。只要收入有了现金盈余，才能进行储蓄再投资，使资产稳步的增长，使财富不断地增加。结余比率的一般理想值是 30% 以上。陈女士家庭结余比率为

$$结余比率 = \frac{年结余}{年税后收入} \times 100\% = \frac{196\,600}{384\,000 - 18\,000} \times 100\% = 53.71\%$$

说明陈女士家庭控制支出和家庭储蓄能力较强，可以将部分结余资金进行其他投资，增加净资产规模和家庭可支配收入，缓解家庭经济压力。

2) 投资与净资产比率

投资与净资产比率是投资资产与净资产的比值，是衡量客户家庭通过投资促使其净资产规模扩大的能力，投资收益是增加净资产规模的重要组成部分，也是增加家庭收入重要途径，一般在 50%左右。陈女士暂无投资理财产品，仅仅将结余资金放在银行储蓄，每年获取约 1 万元的利息，从该方面可知陈女士家庭理财意识相对欠缺，需要树立合理的理财理念，将剩余资产充分利用，实现家庭资产的保值增值。

3) 流动性比率

流动性比率是流动资产与月支出的比值，反映家庭支付能力的强弱，一般理想值在 3 左右。陈女士家庭流动性比率为

$$流动性比率 = \frac{流动资产}{月支出} = \frac{270\,000}{10\,000} = 27$$

陈女士家庭的流动资产比值过高，虽能及时应对需要现金的风险，但很难实现增值保值的目的，再次说明陈女士家庭急需找到合适的家庭理财产品进行投资。

4) 负债收入比率

负债收入比率是年负债与年税后收入的比值，该指标反映支出能力的强弱，临界值为 40%。陈女士家庭负债收入比率 = 6.56%，远小于临界值。陈女士 2014 年年初结婚，为新婚家庭，夫妻俩在前期处于资产积累阶段。事业的开展是在一定物质基础开始的，其家庭对债务风险这块控制极好。

5) 保额比率

一般保险额度为家庭年收入的 10 倍，总保费支出为家庭年收入的 10%。

$$保障险保额 = 个人税后年收入 \times 10 = 3\,660\,000\ 元$$

目前夫妻俩的总资产 212 万元，与保险额度相差 154 万元。其总资产中不动产房产占了 84.5%，其运作资金并不是特别大。未来，夫妻俩的生活压力还是存在的，在工作收入稳定状况下，还需要好好使用理财产品实现资产达到保额数。

从以上系列指标分析可以看出，陈女士家庭理财意识淡薄，资产利用效率低下，有必要进行家庭资产重新配置。

通过对陈女士家庭资产状况和收支结构进行分析，我们发现陈女士家庭理财存在着以下不合理的地方：

(1) 家庭风险保障不足。

陈女士家庭除了基本社保以外，没有其他类型的保险。虽然拥有现金类资产 25 万元，但作为家庭收入主要来源的陈女士夫妇俩，都没有任何人身和收入来源保险，一旦发生意外，就可能造成家庭主要经济来源中断，影响家庭生活质量，家庭财务安全存在重大隐患。

(2) 家庭资产配置不合理。

这种不合理结构主要表现在：

① 净资产金融投资比例过低，资本没有得到很好的运作；

② 投资品种单一，且主要集中在银行存款，导致投资收益较低；

③ 净资产成长率比较低，导致家庭收入安全系数降低。

(3) 家庭日常支出较大。

陈女士一家三口，在父母亲平时不需要负担的情况，每月日常支出达到 10000 元，占到家庭年度支出的 64%，超过一般家庭日常支出比重。

(4) 家庭财务结构不合理。

陈女士家庭清偿比率指标达到 95.5%，远高于理想值区间，说明陈女士没有利用好自己的信用额度。

任务三：客户理财目标定位

客户理财目标定位就是根据客户家庭财务状况和具体理财需求，确定客户家庭合理理财目标，并将目标按实现期长短划分为短、中、长期目标，并展示为实现理财目标所需运用的理财基本假设。

陈女士家庭理财目标定位如下。

1. 家庭具体理财目标

根据陈女士目前的家庭财务状况以及各项理财目标的轻重缓急，有如下建议：中短期目标采取"目标并进法"予以实现，即从 2016 年年末更换价值约为 15 万元的 SUV；2017 年起筹备儿子的未来教育经费；增强家庭的商业保险，加快家庭保障制度的建设和完善。

根据陈女士的需求和其家庭具体情况，按照时间的长短，将目标概括如下：

短期目标：家庭应急资金准备；换车资金准备。

中期目标：自营加盟店拓展；家庭加强保障。

长期目标：孩子教育资金准备；夫妇俩养老金初步积累。

2. 假设与预测

本方案的规划时段为 2020 年至 2044 年(陈女士儿子大学毕业)。未来我国经济环境的变化可能会对方案产生影响，为便于我们做出数据翔实的理财方案，结合我们掌握的信息条件，现作出如下理财基本假设：

(1) 通货膨胀率为 4%(国家宏观政策确定的调控范围)；

(2) 收入成长率为 5%(根据长沙市近几年收入年均增长幅度和国家长期经济增长速度综合考虑)；

(3) 教育费用增长为 5%(通常略高于通货膨胀率)；

(4) 投资收益率，债券型基金为 8%，长期国债为 5%(高于通货膨胀率，且因是专业人士运作，收益有所保障)。

任务四：客户理财方案设计

客户家庭理财方案设计，需要根据确定的理财目标，利用客户家庭可供利用的资源，按照由近及远的原则，一步一步展示客户家庭理财方案。

陈女士家庭理财方案如下：

1. 充分利用家庭可供利用的财务资源

做客户的理财方案设计，需要根据客户家庭财务状况，充分挖掘可供利用的资源，提高资源利用效率，实现客户家庭财务自由。

陈女士家庭可供利用的资源有如下几个方面：

(1) 做好家庭财务开支预算，一些不必要的日常支出尽量不支出、少支出，经过预算，此项可为陈女士家庭每年节省 20 000 元左右。

(2) 每年收支结余充分利用，实现家庭资产增值，保障家庭财务安全。

(3) 家庭出租房继续用于出租，将闲置的资产利用起来，并每月获得稳定的租金收入，可加强家庭风险保障。

(4) 家庭现有银行存款 20 万元和现金资产 5 万元，除了必要的应急资金准备外，其余部分充分利用起来，以提高资金的利用效率。

2. 家庭应急资金准备

为了保障家庭发生意外的不时之需，每个家庭都需要建立自己的家庭应急资金，一般为 3 至 6 个月的日常支出需要。从陈女士家庭现有储蓄中拿出 5 万元作为家庭应急资金准备，选择无风险的银行存款和低风险的货币市场基金，各配置 50%，既保障了支取的灵活，也能带来一定的收益。

3. 换车资金的安排

陈女士想在年末换一台 15 万元左右的经济型 SUV。了解到中国建设银行热购三湘版信用卡分期购车方式，可享受"0"利息"0"费率，赠送价值 10 000 元的新车装潢大礼包和高速公路 ETC 专用设备一台，且延保期可到达 4 年原厂保修。可推荐陈女士选择建行信用卡分期购买热销车本田 CR-V2015 款 2.0L 两驱经典版，首付 50% 和 36 期普通贷款定购该车。先需将丈夫杨先生 2018 年购买的国产比亚迪汽车，以二手市场价值 4 万元卖出，并从活期存款拿出 4 万，用来付首付，再贷款 8.17 万元，月供 2269 元，一年总还贷 27 233 元。换车后，每年预计开销将增加 4000～5000 元，此笔开销将从每年收支结余中扣除。

4. 家庭保障规划

国务院 2016 年印发了《关于整合城乡居民基本医疗保险制度的意见》，整合城乡居民基本医疗保险和新型农村合作医疗两项制度，提出"六统一"，统一覆盖范围、筹资政策、保障待遇、医保目录、定点管理、基金管理。目前陈女士家庭的年收入 38 万元左右，但只有丈夫有公司提供的五险一金，自己和公公婆婆仅有基本的社保，家庭缺乏必要的保障。

1) 家庭保综合意外保险保全家平安

家庭综合意外保险是全家人的综合保障计划，被保险人为两人以上，保障自己和配偶及未成年子女在工作生活中的意外伤害，还提供门诊与住院医疗保障，另有意外住院收入补偿以及 24 小时电话医疗咨询。保障范围是被保险人因遭受意外事故，并自事故发生之日起 180 日内因该事故身故、残疾的，保险公司按其意外伤害保险金额给付意外身故/残疾保险金。

中国平安保险公司的一年期综合意外险是保障生活中的多种意外(重大自然灾害如暴

雨、雷击也保），还提供门诊与住院医疗保障，另有意外住院误工、护理津贴及紧急医疗救助服务，保额最高可达 100 万元。建议陈女士为其夫妇俩每年从收支结余中投入 2 万元购买中国平安一年期意外保险，受益对象为配偶和子女，加强家庭保障。

2) 理智选择"儿子教育金"

2019 年年初，陈女士有了他们的第一个宝宝——帅气可爱的儿子，全家人沉浸在幸福中。陈女士家庭中都是高级知识分子，对孩子未来教育和生活有着长远眼光，需要一个较合理的长远规划。陈女士和其丈夫杨先生目前正处于财富创造期，不可能一次性给孩子建立一个高额度教育资产账号。可选择一个用 12 年时间，每年存 5 万元资金，在保险公司给孩子建立 60 万元的年金账号。同时在年金中使用豁免功能，即如果投保人身体无恙，则有投保人给孩子每年存钱；而一旦投保人发生重残、伤残、身故等风险，则有保险公司来存满剩下几年的储蓄。孩子的 60 万元教育保险年金规划如表 9-17 所示。

表 9-17 孩子的 60 万元教育保险年金规划

年龄/岁	阶段	给儿子教育基金规划
12～15	初中阶段	1 万元/年 × 3
16～18	高中阶段	2 万元/年 × 3
19～22	大学阶段	4 万元/年 × 4
23～25	深造阶段	30 万元/年 × 2

3) 统筹计划自己的"退休养老"

陈女士的公公婆婆都有稳定的退休工资，暂无需担心两老的退休生活水平。其丈夫所在公司运营和发展与同行业相比有一定优势，员工的福利待遇都挺不错。作为灵活就业人员，陈女士没有基本养老保障。根据国家对养老保险最新规定，交满 15 年到退休的时候才能终生享受养老金。陈女士可从 2029 年开始缴纳养老保险，2019 年长沙社保缴费基数为 4525 元/月，根据收入成长率 5%，预计 2032 年缴费基数为 8126 元/月，每月缴费 19%，则月缴费为 1544 元/月，其中 11%计入社会统筹，8%计入个人账户。32 年后(60 岁退休)缴费基数已经变成了 21 561 元/月，那么 60 岁的时候，首先每个月可以拿到国家发放的 4527 元(21 561 × 21%)的基本养老金，此外个人账户 21 年积累了 299 245 元((8126 + 21561)/2 × 8%(缴纳养老保险的个人比例) × 21 年 × 12 个月)，即每个月还可以拿到自己账号资金里的 2153 元(277 577/139)。则退休时陈女士每月可获得基本养老保险 6680 元(4527 + 2153)。

5. 展业规划

陈女士是个有追求有主见的成功女性。她加盟某食品公司已经有两年了，取得了一定成就，其个人事业目标是想继续增加几所连锁店，打造出属于自己的品牌。门面位置还是继续选择在高校附近，针对学生来开展业务。一般高校附近门面租金约为 4 万元/年，所需机器设备价值约 1.5 万元，所储存的货物流动资金 5000 元。考虑到陈女士宝宝才 1 岁，正需要妈妈的呵护，近几年内不赞同其增加连锁店，可以将这份资金先投资适合的理财产品来储备未来创业基金。在儿子读初中时，再考虑投入增添一家门面，届时需投入资金为：6 万元 × $(1 + 4\%)^{11}$ = 10 万元。

6. 家庭旅游活动规划

陈女士是一个非常注重家庭生活的好儿媳。加之自己和丈夫正处于财富创造期，退休的公公婆婆白天在家照护宝宝，给陈女士减轻了不少压力。陈女士两边父母都有退休工资，基本生活不用担心。孝顺的陈女士想到夫妻俩工作繁忙，而且两边父母亲一辈子舍不得吃喝玩乐为了他们俩付出那么多，想多花点时间陪伴他们，未来每年组织家庭外出旅游和开展户外活动。在孩子深造毕业前，可以主要选择在国内消费，看看祖国的大好山河和名胜古迹，体验各个地方风土人情，家庭组团一起自驾旅游或者报旅行社都是很不错的选择，每年 2 万元左右应该绰绰有余。等孩子深造完工作稳定后，可以选择国外旅游，带父母看看世界，感受各个国家的文化底蕴，每年一次短期旅行需 10 万元左右，主要看以后所去国家和国家间的汇率变化。

7. 家庭投资规划

1) 巧用信用卡透支功能

根据陈女士的家庭情况，可推荐陈女士办理三张信用卡。第一张为陈女士经常购物的商场使用率高的建行热购三湘版信用卡，这样每次购物能够享受商场的一切优惠活动。建议此卡和工资卡绑定，设定自动还款，就不需担心忘记还款而背负信用危机。第二张主要为丈夫杨先生出差时用的商务信用卡，利用信用卡的"预授权"，实现押金的功能，从而避免了占用家庭太多的资金。第三张也是最重要的一张，申办一张某银行的白金信用卡，额度相对高，且有一定的免息期。这张卡平常尽量不要动用，主要用于面对突发事件的应急，这样一来，可以将自己手里本来准备应急的资金用于购买短期投资理财产品。

2) 金融资产投资策略

根据陈女士家庭资产配置和状况，可以判定其为稳健型投资者，风险承受能力中等偏下，金融资产投资宜选用固定收益类证券。我们推荐如下几类产品：

(1) 债券型基金。如鹏华双债加利型证券投资基金，该基金以企业债和可转债为主要投资标的，过去一年其年化收益率达到 10%，考虑到经济下行压力，预计以后年度收益率年化收益率将维持在 8%左右。

(2) 五年期以上的国债。续发的国债预计年收益将维持在 5%左右。国债有国家财政作担保，不存在违约风险。

(3) 货币市场基金。如易方达天天理财货币市场基金，保证了资金的流动性，并且易方达为大型基金管理公司，其年化收益率维持在 3%左右。

我们建议：

(1) 陈女士每年拿出 10 万元做定期投资，以上产品按 1∶2∶1 的比例配置，预计年化收益率维持在 5%左右，30 年期的年金终值系数为 66.439，陈女士退休时其家庭将依靠此投资积累达 664 万元；

(2) 银行存款 20 万元用于长期国债投资，30 年复利终值系数为 4.322，30 年投资收益为 86 万元；

(3) 调整后的每年结余投资于货币市场基金，加强家庭安全保障，也准备了足够的退休生活补充资金。

任务五：方案可行性分析

理财方案的可行性分析，主要是判断通过资产重新调配，设计出的理财方案是否满足客户需求。一般可通过规划期客户现金流量表进行平衡试算，在整个规划期内，客户家庭没有出现资金断链的情形，理财需求也得到了满足，则理财方案可行。

陈女士家庭理财方案可行性分析如下：

在支出方面新增加了车贷、保险、养老金、教育投资、旅游，但陈女士的闲置资金用在投资理财领域与家庭保障领域里，未来的回报率预期是很可观的。教育保险和养老保险投资时间长，所以先省略了统计未来孩子教育保险与养老保险的收益。该理财规划符合陈女士长远稳健的投资理念，理财方案的设计侧重于提高闲置资金的利用率和提前预防家庭风险突发性状况，至少在未来 12 年和 30 年后，无需更多的担心孩子教育费用和陈女士夫妇俩退休养老生活水平的问题。陈女士未来 25 年家庭现金流量如表 9-18 所示。

表 9-18　未来 25 年陈女士家庭现金流量表

年份	收入/万元	支出/万元								结余/万元
		生活	换车	投资	保险	养老	展业	旅游	教育	
2020	42.34	18.45	2.73	10	2			2	5	2.16
2021	44.45	19.38	2.73	10	2			2.1	5	3.24
2022	46.67	20.35	2.73	10	2			2.21	5	4.38
2023	49.01	21.36		10	2			2.32	5	8.33
2024	51.46	22.42		10	2			2.43	5	9.61
2025	54.03	23.55		10	2			2.55	5	10.93
2026	56.73	24.73		10	2			2.68	5	12.32
2027	59.57	25.97		10	2			2.82	5	13.78
2028	62.55	27.27		10	2			2.95	5	15.33
2029	65.67	28.63		10	2			3.10	5	16.94
2030	90.67	30.06		10	2		10	3.26	5	30.35
2031	95.20	31.57		10	2		10.5	3.42	5	32.71
2032	99.96	33.14		10	2	1.85	11.03	3.59		38.35
2033	104.96	34.80		10	2	1.94	11.58	3.77		40.87
2034	110.21	36.54		10	2	2.04	12.16	3.96		43.51
2035	115.72	38.37		10	2	2.14	12.76	4.16		46.29
2036	121.50	40.29		10	2	2.25	13.40	4.37		49.19
2037	127.58	42.30		10	2	2.36	14.07	4.58		52.27
2038	133.93	44.42		10	2	2.48	14.77	4.81		55.45

续表

年份	收入/万元	支　出/万元								结余/万元
		生活	换车	投资	保险	养老	展业	旅游	教育	
2039	140.65	46.64		10	2	2.61	15.51	5.05		58.84
2040	147.69	48.97		10	2	2.74	16.29	10		57.69
2041	155.07	51.42		10	2	2.87	17.10	10.5		61.21
2042	162.83	53.99		10	2	3.02	17.96	11.03		64.83
2043	170.97	56.69		10	2	3.17	18.86	11.57		68.68
2044	179.52	59.52		10	2	3.33	19.80	12.16		72.71

任务六：撰写结束语

做出结论是整个规划报告的结束语，一方面是对整个规划方案的总结，同时也要提醒客户规划实施过程中可能存在的风险。

陈女士家庭理财规划总结(结束语)如下：

家庭的理财规划要根据家庭和家庭成员的具体情况，制订切实可行的计划，合理配置家庭资产，既要通过提高劳动收入积累尽可能多的财富，更要善用投资工具创造更多的财富。

本规划通过对陈女士家庭实际情况调查，进行家庭财务诊断，并结合家庭生命周期和生涯规划，应用经济学与个人理财专业知识制订了适合陈女士家庭的理财规划方案，既加强了家庭的保障，又实现了系列理财目标。

最后，我们建议陈女士应经常与客户经理保持联系，根据环境的变化适时调整和修正理财规划，评估家庭资产的风险状况并决定是否需要进行策略调整，并持之以恒地遵照执行，使这个比较合理的理财规划能客观地展示您的财务状况，减缓您的财务忧虑，有助于您认清和实现目标，成为指导您实现财务自由之路的好帮手。

综 合 练 习

以自己(或者父母)家庭为原型，根据家庭实际情况，编制理财工作底稿，并撰写理财规划报告。